Hans-Jürgen Kaatsch, Hartmut Rosenau,
Werner Theobald (Hg.)

Umweltethik

D1732426

Ethik interdisziplinär

herausgegeben von

Hans-Jürgen Kaatsch, Hermes A. Kick und Hartmut Kreß

Band 12

LIT

Hans-Jürgen Kaatsch, Hartmut Rosenau,
Werner Theobald (Hg.)

UMWELTETHIK

LIT

Bibliografische Information Der Deutschen Bibliothek
Die Deutsche Bibliothek verzeichnet diese Publikation in der Deutschen
Nationalbibliografie; detaillierte bibliografische Daten sind im Internet
über http://dnb.ddb.de abrufbar.

ISBN 3-8258-9384-7

© LIT VERLAG Berlin 2006
Auslieferung/Verlagskontakt:
Grevener Str./Fresnostr. 2   48159 Münster
Tel. +49 (0)251–62 03 20   Fax +49 (0)251–23 19 72
e-Mail: lit@lit-verlag.de   http://www.lit-verlag.de

Inhaltsverzeichnis

Vorwort

Was vor gut zwanzig Jahren im Rahmen von Tagungen und professionellen Arbeitsgruppen – meist in katholischen Tagungshäusern oder evangelischen Akademien – begann, ist inzwischen zu einer wissenschaftlichen Institution geworden: die Umweltethik. Aus dem Kanon der sog. „Bindestrich"-Ethiken nicht mehr wegzudenken, hat sich die Umwelt- oder Ökologische Ethik als fester Bestandteil der Praktischen Philosophie etabliert. Das Forschungsinteresse in Sachen Ethik und Umwelt hält unvermindert an, und die in den achtziger Jahren entwickelten Fragestellungen sind mittlerweile in die verschiedensten Richtungen weiter ausdifferenziert worden. Eine (selbst für den professionellen Umweltethiker) teilweise nur schwer zu überblickende Vielzahl und thematische Vielfalt von Publikationen ist die Folge. Trotz dieser Diversifizierung der philosophischen Disziplin „Umweltethik" wurde immer wieder beklagt, dass sie in ihren einzelnen Schwerpunktbereichen ein defizitäres Verhältnis zu anderen Disziplinen aufweise. Zwar wurde schon früh – je nach ethischem Ansatz – der Dialog mit den Fachwissenschaften gesucht, die sich mit dem Objektbereich Umwelt beschäftigen (vor allem mit der Ökonomie, Jurisprudenz und Pädagogik), doch verblieb dieser meist im Rahmen des philosophischen Paradigmas selbst. Ein „echter" Austausch kam nur selten zustande. Der vorliegende Band, erwachsen aus einer Ringvorlesung des Zentrums für Ethik der Christian-Albrechts-Universität Kiel, thematisiert nun aus der *Binnenperspektive* von Sozialwissenschaft, angewandter Umweltforschung und praktischer Naturschutzarbeit zentrale umweltethische Fragen und gibt ihnen, ausgehend von den Fragestellungen *dieser* Disziplinen, eine neue Kontur – den ursprünglich theologischen Aspekt der Umweltethik dabei nicht vergessend.

Wir danken dem LIT-Verlag, dass er die Beiträge dieses Bandes in seine Reihe „Ethik interdisziplinär" aufgenommen hat. Möge dadurch zu einem intensiveren Gedankenaustausch zwischen den Disziplinen, die sich mit dem Thema Umweltethik befassen, ein Beitrag geleistet worden sein.

Hans-Jürgen Kaatsch   Hartmut Rosenau   Werner Theobald

HARTMUT ROWECK

Wieviel Natur brauchen wir?
- Naturerfahrung und Naturverantwortung - *

Zusammenfassung

Hätten wir die Möglichkeit, uns dem "Raumschiff Erde" aus kosmischer Perspektive zu nähern, wären seine Sonderstellung im Universum, die auf Zeit "geliehenen" vielfältigen und wandelbaren Lebensprozesse sowie seine Zerbrechlichkeit ganz offensichtlich. Allerdings erschwert unser irdisches Dasein inmitten einer (selbst für die Wissenschaft) unübersehbaren Formenvielfalt der Lebenserscheinungen, eingebettet in "wartungsfrei" funktionierende und uns in vielfacher Hinsicht dienende Ökosysteme den Blick auf globale Zusammenhänge, und wir betreiben, wenn überhaupt, Natur- und Umweltschutz vor allem an der sichtbaren Oberfläche. Wir tun dies, indem wir uns beispielsweise liebevoll um "die Letzten ihrer Art" kümmern oder der Ausflug im 3 Liter-Auto unter die Rubrik "Wir tun was für die Umwelt" fällt.

Jeder tiefere Einblick in die Wunderwelt der Lebensvorgänge macht jedoch deutlich, dass aus naturwissenschaftlicher wie ethischer Sicht der Schöpfungsauftrag Konzepte eines "minimalen Eingreifens" verlangt. Fachwissen und technisches Instrumentarium, derartige Operationalisierungen planerisch vorzubereiten und umzusetzen, sind weitgehend vorhanden; was vor allem zu fehlen scheint, sind Motivation und ein Bewusstsein mitmenschlicher und mitgeschöpflicher Verantwortung. Es wird der Frage nachgegangen, wie sich in einer zunehmend anonymen Gesellschaft mit oft nur schwachen heimatlichen Bindungen die Verantwortung der Menschen nicht nur für Natur und Umwelt, sondern auch für eigene existentielle Belange fördern lässt.

*Überarbeitete Fassung eines Vortrages während der Ratzeburger Sommer-Universität 6.9. – 14.9.03 „Aufbruch zu einer neuen Wasserethik und Wasserpolitik in Europa".

Summary

If we were able to approach the „Spaceship Earth" and look at it from a cosmic perspective, its unique position in the universe, its fragility and the manifold changeable processes of life on "borrowed" time would all be clearly evident. However, living here on this earth in the midst of an incredible variety of life forms (which even science cannot grasp) that are set in „maintenance-free" functioning eco-systems which serve us in so many different ways, we find it difficult to get a global view of things. And so we work to conserve and protect nature and the environment, if at all, mainly on a superficial level. For example by caring lovingly for the „last of their kind" or making an excursion in a 3-litre car and thinking "we are doing something for the environment".

However any glimpse beyond the surface into the miraculous world of life processes makes clear to us that both from a scientific and an ethical point of view our mandate for creation demands concepts of "minimum intervention". The scientific knowledge and technical equipment for operational planning and implementation are to a large extent available; but what seems to be lacking is motivation and an awareness of our responsibility for fellow human-beings and fellow-creatures. I shall consider the question how in an increasingly anonymous society where people often only have very fragile links to their roots, possibilities can be developed to further people's responsibility not only for nature and the environment but also for their own existential needs.

I. Einführung

Im Grenzgebiet zwischen zwei Fächern setzt man sich, außerhalb der eigenen fachlichen Zuständigkeit, leicht der Kritik von beiden Seiten aus. Das gilt leider auch bei Grenzwanderungen zwischen natur- und geisteswissenschaftlichen Disziplinen, denn gerade hier lohnt dieser Weg in besonderer Weise immer wieder und enttäuscht nur selten die Hoffnung auf neue Sichtweisen bei Rückkehr ins eigene Territorium.

Das Verfügungswissen der Naturwissenschaften dient zwar den Handlungsdisziplinen in vielfältiger Weise, es kann aber ohne ethisches „Rüstzeug" weder den Weg zur Umsetzung von Forderungen öffnen noch die dazu notwendige Motivation schaffen.

Umgekehrt können die Naturwissenschaftler beispielsweise mithelfen, Aussagen und Symbolsprache der Theologie durch das Einbeziehen von Elementen moderner naturwissenschaftlicher Weltsicht verständlicher zu gestalten (siehe hierzu H. v. Ditfurth (1983): „Evolutionäres Weltbild und theologische Verkündung").

Bausteine solcher Weltbilder können schon recht detailliert zum Allgemeinwissen weiter Bevölkerungskreise gehören, ohne dass in jedem Fall sauber zwischen Fakten, die als gesichert gelten können und solchen überwiegend spekulativen Charakters getrennt wird.

Erschwerend bei der Durchsicht „neuen Wissens" auf weltbildrelevante Einsichten kommt hinzu, dass neue wissenschaftliche Erkenntnisse nur dann relativ jung in die Fachbücher wandern, wenn sie nicht mit etablierten Lehrmeinungen kollidieren. Max Planck hat dies 1933 so auf den Punkt gebracht: *„Eine neue wissenschaftliche Wahrheit pflegt sich nicht in der Weise durchzusetzen, dass ihre Gegner überzeugt werden und sich als belehrt erklären, sondern vielmehr dadurch, dass die Gegner allmählich aussterben und dass die heranwachsende Generation von vornherein mit der Wahrheit vertraut gemacht wird."* Diese Zähigkeit in der Assimilation neuen Wissens gilt freilich auch für die Ökologie, von der wir noch am ehesten Verfügungswissen über globale Lebens-Zusammenhänge erwarten und einfordern.

II. Naturerfahrung und Naturverantwortung

Naturerfahrung ist, nach meinem Verständnis, zunächst das sinnliche Wahrnehmen und Kennenlernen von Natur. Kennenlernen können wir Natur ein Stück weit auch im Hörsaal und aus Büchern. Wir können uns Wissen aneignen über

- ihre unbelebten und lebenden Bausteine,
- ihr funktionales Gefüge (Stoffkreisläufe, Nahrungsnetze, Energieflüsse) sowie
- ihre globale Verwobenheit.

Schließen wir die Bücher und suchen Natur in Feld und Flur, so kommt sinnliches Wahrnehmen hinzu, das nicht nur die Motivation zu weiterem Erkennen und Verstehenwollen schaffen kann, sondern darüber hinaus eine persönliche Beziehung zum Gelernten knüpft, uns qualitativ neue Einblicke und Eindrücke ermöglicht. *„Wenn wir wenigstens einige Vogelstimmen voneinander unterscheiden können, füllt sich jeder einfache Garten, jeder Wald und jeder See oder Sumpf sogleich mit Leben"* (Barbeau 2002).

Wir sehen und hören nicht nur mehr, anderes und anders als zuvor, wir nähren damit zugleich auch unsere Erwartungen: Ein großes Schilfröhricht an einem Frühsommerabend – wieso ruft hier eigentlich keine Rohrdommel? Bereits aus solchen Beziehungen erwächst im Dialog mit uns gewissermaßen antwortenden Geschöpfen Verantwortung. So einfach kann das gesehen werden.

Sinnliches Wahrnehmen kann aber noch andere Türen öffnen. A. Portmann (1956) führt aus: „Klare, eindrucksstarke Erfahrung an einer großen Fülle der Außenwelt ist eine Vorbereitung für ein vertieftes Verstehen des unbewussten Lebens überhaupt."

Selbst so lange wir Natur nur wie ein Reisender er-fahren, kann die Begegnung mit ihr, je nach Vorwissen und individuellem Erfahrungsschatz, zu recht unterschiedlichen Sinneseindrücken und Wahrnehmungen führen. Ganz neue Fenster öffnen sich unserer Sicht, wenn die Begegnung zumindest von einer Ahnung davon begleitet wird, wo die prinzipiellen Grenzen unserer Wahrnehmung liegen mögen. Diese Ahnung wächst mit dem Geschauten und lässt den uns zugänglichen Bereich einer anzunehmenden Realität immer weiter schrumpfen.

Nur auf den ihm (und seinen Zeitgenossen) unmittelbar zugänglichen Bereich bezog sich offenbar Isaac Newton, als er am Ende eines langen Forscherlebens (1726) schrieb: *„Mir selbst komme ich vor wie ein Kind, das am Meeresstrand spielt und manchmal eine etwas schönere Muschel oder einen glatteren Kiesel als gewöhnlich findet, während der große Ozean der Wahrheit unerforscht vor ihm liegt."*

III. Naturverantwortung als Appell zur Selbstverantwortung

Verantwortung übernehmen wir also für ein uns antwortendes Etwas, zu dem wir eine emotionale Bindung verspüren. Vielleicht so wie der heidnische Jäger, der sich, andächtig versammelt, bei seiner Beute dafür entschuldigt, sie getötet zu haben und dem wir uns allein deshalb verbunden fühlen. Und wir alle erinnern uns an die Aussage von Saint-Exupéry im „Kleinen Prinzen", nach der wir zeitlebens für das verantwortlich bleiben, was wir einmal gezähmt haben. Naturverantwortung in diesem Sinne ist also eine ethische – und, zur Norm erhoben, eine sittliche Verpflichtung der Natur gegenüber.

Suchen wir mit den modernen Hilfsmitteln der „Suchmaschinen" des Internets sehr breit nach Anwendungen des Begriffs „Naturverantwortung", so fällt auf, dass dieses Wort zwar oft im Kontext von Appellen benutzt wird, aber in der Mehrzahl der Fälle die ihm zuzuordnenden

Inhalte dabei gar nicht auftauchen. Wir fordern offenbar Naturverantwortung viel häufiger von anderen als von uns selbst, und bei vielen, die
dies tun, scheint sie (außerhalb ihres Wortschatzes) bestenfalls
schlummernd zu existieren. Hier fehlt es ganz offensichtlich nicht an
entsprechendem Handlungswissen, sondern an Motivation, an Bezogen-
sein, an einem sich persönlich betroffen Fühlen.

Drei Beispiele solcher „Appelle mit Inhalt" seien hier zitiert:

Kardinal Höffner (1980): *„Das Lebendige soll leben können, nicht nur um
der Nützlichkeit für den Menschen willen, sondern um der Fülle, um der
Schönheit der Schöpfung willen, einfach um zu leben und dazusein ..."*

Martin Rock (1981): *„Die Ermächtigung des Menschen, die... Welt
verantwortlich zu verwalten, ist kein Freibrief für Ausbeutung der Natur
sondern mit Pflichten befrachtete Bevollmächtigung, die vom Schöpfer
vorgegebenen Ausstattungen hegend zu pflegen... Der Mensch ist eher
Verwalter als Eigentümer der Natur."*

Hubert Weinzierl (1981) forderte auf einer Fachtagung „Theologie und
Naturschutz": *„Wer aber menschliches Leben als das solidarische Leben
unter Millionen Mitgeschöpfen fühlt, der muss weiterkämpfen als der
Anwalt seiner Mitgeschöpfe; denn das Plankton unserer Teiche, die
Blumenwiesen und die Regenwürmer der Erde oder Vögel des Waldes,
sie alle haben dasselbe schutzbedürftige Recht zum Überleben wie die
'Krone der Schöpfung'."*

Diese Sicht hat freilich Geschichte. Haben wir nicht alle einst in der
Schule gelernt, dass Naturverantwortung zu den exponierten Idealen der
Romantik zählte? Mensch und geschundene Natur sollten durch
Übernahme von Verantwortung wieder ausgesöhnt werden, und obwohl
auch damals das Verständnis, wie sehr wir als Glieder des Naturganzen
von eben dieser Natur abhängen, noch mehr erahnt als verstanden war,
galt: „Wie der Mensch sich zur Natur verhält, so verhält er sich auch zu
sich selbst." Naturverantwortung wurde somit zugleich zu einer Art
Selbstverantwortung (v. Engelhardt, 2002).

IV. Das Dilemma des „naturalistischen Fehlschlusses"

Die Philosophen warnen die Naturwissenschaftler immer wieder vor dem
auch „Sein-Sollens-Fehlschluss" genannten Irrtum, unmittelbar aus den
Befunden ihres Fachgebietes Sollensforderungen abzuleiten, also etwa
Regeln für den Umgang mit unserer Umwelt, indem wir z.B. Grenzwerte

festlegen, die sagen, wie viel Nitrat im Grundwasser sein darf oder wie viele Fischarten es mindestens in der Elbe zu geben hat.

Wir können aber gar nicht überzeugend begründen, warum die Elbe so und so viele Fischarten „braucht". Wir können Aussagen darüber treffen, wie viele Fischarten wir zu einem bestimmten Zeitpunkt an einem bestimmten Ort gefunden haben; wir können beobachtete Folgen einer Veränderung beschreiben und Vermutungen über zu erwartende Folgen eines vergleichbaren Eingriffs an einem anderem Ort anstellen. Also:

- Was passiert mit den Fischen, wenn so und so viel eines bestimmten Giftes in den Fluss gerät?
- Wie lange mag es dauern, bis solche Ausfälle ersetzt, quasi „repariert" sind?
- Woher kann der Ersatz kommen?

Ferner können wir helfen, sinnvolle Abfolgen von Maßnahmen festzulegen und Handlungs-Prioritäten zu setzen. Und wir können das auf der Objektebene (also an einem bestimmten See) Beobachtete auf die Typusebene (auf alle gleichartigen Gewässer) zu übertragen versuchen und umgekehrt: vom Großen ins Kleine schauen. Aber Antworten auf derartige Fragen werden angesichts der Vielfalt der Lebensgemeinschaften, ihrer Wirkungsgefüge und Lebensräume, oft mit erheblichen Unsicherheiten behaftet sein.

Leider gibt es dennoch immer wieder Antworten im wissenschaftlichen Mantel auf Fragen der Art, wie viel Natur wir denn brauchen (s.u.). Solche (zutiefst unmoralische) Fragen können ganz harmlos daher kommen, wenn es etwa um die Festlegung von „aus ökologischer Sicht" notwendigen Flächengrößen für den Naturschutz geht. Eine vorschnelle, auf wenigen regionalen Beobachtungen beruhende Antwort auf die Frage, wie groß ein Moor denn mindestens sein muss, übersieht nicht nur landschaftliche Vielfalt, sie birgt zugleich die große Gefahr, gewissermaßen anders herum gelesen zu werden: aus einer wie auch immer begründeten Mindestgröße wird im politischen Alltag rasch die „aus ökologischer Sicht geforderte Norm" – größere Moore bieten folglich entsprechende Abbau-Reserven, und in der gleichen Perspektive haben besonders artenreiche Fließgewässer noch zusätzliche „Belastungs-Potentiale" (Roweck 1995).

Diese Beispiele mögen zeigen, wie vorsichtig wir mit normativen Setzungen umzugehen haben und wie notwendig zugleich ein solider Brückenschlag zwischen Grundlagenforschung und den Handlungsdisziplinen ist. Vor dem Hintergrund obiger Beispiele mag auch verständlich werden, weshalb wir als Vertreter einer naturwissenschaftlichen Disziplin gut beraten sind, Inwertsetzungen nicht nur aus wissenschaftstheoretischer Sicht weitgehend zu vermeiden. Dies hindert uns ja in keiner Weise, dies als „Privatmensch" mit aller Deutlichkeit zu tun. Die oft bemühten „ökologisch wertvollen Flächen" beispielsweise sind zum einen Bausteine eines viel zu einfachen Naturverständnisses, und zum anderen sind es von dort nur noch kleine Schritte zu: Übervermehrung, Problemart, ökologischer Krise usf.

Sittliche Normen für sein Handeln braucht auch der Ökologe, aber er sollte sie nicht unmittelbar aus den Ergebnissen seiner Studien ableiten. Die Ökologie „... *kann Kenntnisse liefern aber keine Bekenntnisse, Wissen aber kein Gewissen"* (Erz 1981).

V. Wie viel Natur brauchen wir?

Vertreter der Biowissenschaften werden immer wieder mit Fragen konfrontiert, in denen es um eine Abschätzung der Bedeutung der ökologischen Wirkungsgefüge geht, Fragen, die auf die Benennung von „Belastungsgrenzen, Empfindlichkeiten, Regenerationspotentialen" etc. abzielen und nicht einfach lauten: „Welchen Artenrückgang können wir uns leisten?" Doch können freilich auch Antworten auf differenziertere Fragen „anders herum" gelesen werden. „Welche Funktionen sind wichtiger als andere?" mag, jenseits wissenschaftstheoretischer und moralischer Bedenken (s.o.), auf Anhieb unverfänglich klingen; der Weg von einer Reihung von Funktionen nach ihrer Bedeutung hin zu einer Benennung solcher, auf die wir notfalls verzichten können, kann dennoch sehr kurz sein.

Weil nun also auch die Biowissenschaftler ein hinnehmbares Verhältnis von Restnatur zu Ausbeutung nicht benennen können und wollen, begreifen sich viele an ökologischen Fragen durchaus interessierte Zeitgenossen zwar als Glieder eines komplexen Systems, von dem wir irgendwie alle abhängen, kapitulieren aber im täglichen Leben zugleich vor eben dieser Komplexität, betreiben Natur- und Umweltschutz an der Oberfläche und kaufen Wegwerfartikel, wenn möglich, aus Altpapier. Im Kleinen wie im Großen: Wir kalken in bester Absicht die kranken Wälder, ohne zu begreifen, dass „*die sterbenden Wälder gewissermaßen ein letztes Notsignal geben, uns einen Spiegel vorhalten, für das was (bereits) in uns an Wäldern gestorben ist"* (Illies 1972).

Die Ökologie leidet aus nachvollziehbaren Gründen darunter, für die behandelten komplexen Phänomene nur selten naturgesetzliche Regeln nennen zu können. Manche ihrer Aussagen sind dadurch grundsätzlich weniger überprüfbar als die anderer naturwissenschaftlicher Disziplinen. Hinzu kommt, dass ihre Aussagen in der öffentlichen Diskussion, je nach Geschmack und Zweck, mal so und mal so gehandelt werden und uns durch Wertzuweisungen und Emotionalisierung oft nur noch sehr entstellt begegnen.

Den sich mit den unterschiedlichsten Argumenten verteidigenden Physikern, die an der technischen Vorbereitung von Nuklear-Waffen mitgewirkt haben, wurde oft vorgehalten, ihre Produkte hätten im Gegensatz zu ihnen längst den Elfenbeinturm verlassen. Die Mehrzahl der Ökologen hingegen sitzt, weit ab von jenem Turm, sozusagen auf der grünen Wiese und ist heute zunehmend damit beschäftigt, in der Gesellschaft kursierendes „ökologisches Gedankengut" und Modeworte wie „Nachhaltigkeit" und „Leitbildsuche" auf ihren wissenschaftlichen Gehalt hin zu untersuchen und von euphorischem Beiwerk zu trennen.

Wir alle wissen: Natur ist mehr als die Summe der Organismen, die die Erde bevölkern. Aber schauen wir einmal auf die Ergebnisse der zählenden, phänomenologisch orientierten sogenannten deskriptiven Biologie, deren fleißiges Wirken bis weit ins 19. Jahrhundert hinein hauptsächlich mit einer Inventur des Lebens befasst war. Etwa 1,75 Millionen verschiedene Arten hat die Wissenschaft bis heute benannt, ein kaum vorstellbares Teil-Ergebnis eines etwa 3,5 Milliarden Jahre andauernden Entfaltungs-Prozesses. Fragt man nun Biologen, wie viele Arten es darüber hinaus derzeit wohl noch geben mag, so antworten sie nicht einheitlich. Die Schätzungen schwanken zwischen ca. 10 und 100 Millionen unterschiedlichen Organisationstypen im Artrang. Hinter dieser Spannbreite stehen unterschiedliche Hochrechnungen von Stichproben.

Untersuchungen über die Käferfauna im Kronendach eines tropischen Regenwaldes (Erwin 1982) ergaben eine mittlere Dichte von 163 Arten – spezialisiert auf eine einzige Baumart. Wenn nun alle bekannten tropischen Baumarten ähnlich belebt sind, ergäbe das bereits 8 Millionen Käferarten – wohl gemerkt: nur im Kronendach tropischer Wälder. In vielen besser untersuchten Lebensräumen machen die Käfer im Mittel etwa 40% der Insektenarten aus. Da nun im Kronenraum der Bäume etwa doppelt so viele Insekten leben wie am Boden, käme man, so gerechnet, auf die (sicherlich gewagte) Schätzung von ca. 30 Millionen Insektenarten allein in den Tropen. Und niemand vermag abzuschätzen, was beispielsweise die bisher kaum erforschte Tiefsee noch alles an

Unbekanntem offenbaren mag. H.-R. Simon (2001) wertet Schätzungen verschiedener Autoren zusammenfassend aus und errechnet Verhältniswerte der bekannten zu den wahrscheinlich noch unbeschriebenen Arten. Demnach wären unbekannt (in Auswahl): über 99 % der Bakterien und Viren, 95 % der Pilze, 80 % der Einzeller, 90 % der Algen, 90 % der Spinnentiere, 88 % aller Insekten und 65 % der sog. Weichtiere.

Selbst die Wirbeltiere bieten noch regelmäßig Neues: Erst vor wenigen Jahren wurde eine neue Froschart in spanischen Gebirgsbächen gefunden, seit 1990 wurden allein 38 neue Affenarten entdeckt, ebenfalls in den 90er Jahren wurden in den Bergen Vietnams ein bis dahin unbekanntes Rind und zwei neue Hirscharten beschrieben (Riesen- und Zwergmuntjak), und 1994 besuchte im indonesischen Teil Neuguineas ein 15 kg schweres Beuteltier ohne Scheu ein Lager von Zoologen – ebenfalls der Wissenschaft (nicht aber der einheimischen Bevölkerung) bis dato unbekannt (ARA 2002). Diese Liste ließe sich fast beliebig verlängern.

Dabei sind die tropischen Regenwälder gewiss unsere artenreichsten Ökosysteme. Sie beherbergen schätzungsweise 70-90 % aller Arten, obwohl sie nur 7 % der Erdoberfläche bedecken. Man stelle sich die missliche Lage vor, in die wir gerieten, wollten wir einem extraterrestrischen Naturschützer erklären, wieso wir fast nichts unternehmen, um den Raubbau an den (für die Biodiversität so immens bedeutsamen) Tropenwäldern zu verringern, während wir andererseits viel Geld dafür aufwenden, einzelne hochgradig gefährdete Arten der Kulturlandschaft (mit oft sehr fraglichen Erfolg) zu „schützen".

Bisweilen hat wohl auch die zeitliche Spanne politischer Verantwortlichkeit, im Bemühen um „vorzeigbare Ergebnisse", dazu geführt, dass prominente Vertreter des Artenrückgangs, sozusagen in den letzten Sekunden ihres regionalen (manchmal auch ihres irdischen) Daseins von umfangreichen Schutzmaßnahmen begleitet wurden oder zu einem Gegenstand von Wiedereinbürgerungsversuchen wurden, die, wenn sie denn überhaupt gelingen, verfrüht Intaktheit ökologischer Systeme verkünden.

Biologische Vielfalt ist freilich noch viel mehr als die artenzählende Vielfalt der „Museumsbiologie". Bei vielen weit verbreiteten Arten gibt es eine große Zahl an Unterschieden auf der Populationsebene (Größe, Aussehen, Verhalten etc.), und erst diese Bandbreite an genetischer Vielfalt sichert den Fortbestand einer Art bei sich ständig ändernden Umweltbedingungen. Biologische Vielfalt ist also nicht nur die Vielfalt der

Arten, sondern auch die ihres Erbgutes sowie die der Ökosysteme, in denen die Organismen leben.

Dass wir mit allen Einzelteilen einer Weltraumrakete noch keine Reise zum Mond realisieren können, leuchtet unmittelbar ein – um so erstaunlicher, dass es manchmal den Anschein hat, wir könnten uns mit Blick auf das sog. Naturerbe mit dem in Genbanken Zusammengetragenen begnügen, ergänzt durch die Aktivitäten der Botanischen und Zoologischen Gärten - ein von vielen Staaten geförderter Lösungsansatz zu Beginn des 3. Jahrtausends auf dem Niveau der Arche Noah-Darstellungen unserer Kinderbücher.

Die simpelst mögliche – aber dennoch bisweilen zu hörende – Kritik den Artenschützern gegenüber lautet: Na, wenn ihr noch nicht einmal die Arten vernünftig erfasst habt, wie wollt ihr dann überprüfbar ihren Rückgang belegen? Außerdem ist es doch gut möglich, dass die vermeintlich Ausgestorbenen noch irgendwo unerkannt existieren! usw. – Solche Aussagen verlangen vor dem Hintergrund unbestreitbarer weltweiter Lebensraumzerstörung ein hohes Maß an Ignoranz, Naturfremdheit und Verantwortungslosigkeit.

Allein im gut durchforschten deutschsprachigen Raum leben, nach unserer Kenntnis, derzeit etwa 45.000 verschiedene mehrzellige Tierarten. Das ist eindeutig zu viel, um sich auf Artniveau mit ihren Funktionen und Leistungen im Naturhaushalt auseinander zu setzen. Insofern liegt die Frage nahe, ob es denn wohl so etwas wie wichtige Schlüsselorganismen gibt, „Zielarten", mit denen sich der Naturschutz vorrangig befassen sollte. Enttäuschende Antwort der Fachleute: Die bisherigen Versuche einer Wertung von Organismen im Sinne ihrer „funktionalen Bedeutung im Ökosystem" sind noch sehr unbefriedigend und bzgl. ihrer Übertragbarkeit höchst fragwürdig. Ferner geht es den Biologen nicht besser als den Physikern: Je tiefer der Blick ins Innere gelingt, desto unüberschaubarer werden die Wirkungsgefüge, und desto deutlicher wird zugleich, wie verwoben sie mit den sog. Nachbarsystemen sind. Wir untersuchen immer nur allerkleinste Ausschnitte, Bausteine eines größeren Gefüges, und von jeder gewählten Ebene der Betrachtung erschließen sich uns neue Aspekte ihrer Funktion.

Bisweilen hört oder liest man im Lager der Agrartechnologie von der Hoffnung, wir könnten wahrscheinlich schon bald mit entsprechendem technologischen Instrumentarium so gezielt in gestörte Produktionssysteme eingreifen, dass Funktionen repariert oder Ausfälle von Organismen ersetzt werden können. Unsere Vorstellung, Natur ließe sich in diesem Sinne manipulieren, hat allerdings gerade im Bereich des chemischen und „biologischen" Pflanzenschutzes schon so manchen Dämpfer erhalten.

Selbst simpelst erscheinende Beziehungen wie die in einer einfachen, linear anmutenden „Nahrungskette" werden in Wirklichkeit von komplexen Wirkungsbeziehungen getragen, von denen wir immer nur kleinste Ausschnitte sehen. Und selbst ohne die Anmaßung, Natur durch Technik zu ersetzen, sondern einfach durch das Wiedereinbringen von etwas, das wir (kurz) zuvor entfernt haben, können wir schon überraschend viel Unordnung anrichten. Hierzu ein Beispiel aus dem Themenfeld Gewässereutrophierung: die sog. Anglereutrophierung.

Man denke sich einen natürlich eutrophen See mit artenreichen Lebensgemeinschaften und einer einfachen Nahrungskette aus Algen, von denen sich Kleintiere ernähren. Diese bilden die Hauptnahrung von Kleinfischen, die wiederum von Raubfischen (sagen wir Hechten) gefressen werden. Eben diesen Raubfischen stellt der Angler nach, und da sich viele Angler bemühen, viele Hechte zu fangen, ist der See bald seiner „Nahrungskettenendglieder" beraubt. Dies kann nun weitreichende Konsequenzen für den Nährstoffhaushalt des Gewässers haben, indem sich die Nahrungsfische der Hechte, unbehelligt von ihren Fressfeinden, rasant vermehren und dabei das Zooplankton so stark verringern, dass es nun nicht mehr im bisherigen Umfang die Entwicklung frühsommerlicher Algenblüten kontrollieren kann. Fazit: Der See erscheint, früher als sonst im Jahr „grün", und da sich ein Großteil der absterbenden Algen bereits im warmen Oberflächenwasser wieder zersetzt, kann so eine sich rasch aufschaukelnde Massenvermehrung entstehen, die zu massiven Algenblüten führt, mit einer ganzen Reihe unerwünschter Nebenwirkungen in Stoffhaushalt und Lebewelt der Gewässer. Soweit die sogenannte Anglereutrophierung.

Was tun? Nun, die Lösung scheint auf der Hand zu liegen: Wir erkennen unseren Fehler und setzen möglichst umgehend wieder viele Hechte ein. Aber nach kurzer Zeit müssen wir feststellen: Viele Hechte fressen viel mehr Hechte als erwartet. Raubfische in „gewachsenen" Revieren verhalten sich offenbar ganz anders als ausgesetzte Tiere.

Zweiter Versuch: Abfischen der Zooplankton-fressenden Kleinfische (z.B. mit Zugnetzen oder durch Elektrofischen). Erster Erfolg: Es entwickeln sich in der Tat große Zooplanktonformen, die den freischwebenden Minipflanzen zu Leibe rücken. Aber so viele leckere fette Wasserflöhe bleiben nicht lange ungenutzt: Sowohl räuberische Planktonformen als auch Kleinfische, die (z.B. da im Schilfgürtel lebend) nicht entfernt werden konnten, reagieren mit Massenentwicklungen auf die ungenutzte Ressource, und nach einigen wechselseitigen Populationsschwankungen dominiert wieder die hohe Produktion pflanzlicher Biomasse mit all ihren Nebenwirkungen für den Stoffhaushalt des Gewässers und seines Umlandes.

Wir lernen: Selbst simpelst erscheinende Abhängigkeiten werden in Wirklichkeit von komplexen Wirkungsbeziehungen getragen. Nur eines von vielen Beispielen dafür, warum Ökologen mit Blick auf gestörte natürliche Systeme nur selten Rezepte für schnelle Lösungen parat haben. Es überwiegt ganz einfach die Erfahrung, dass oft schon kleine Eingriffe in den Stoffhaushalt von Ökosystemen praktisch irreversibel sind, sofern wir nicht (je nach betroffenem System) Regenerationsprozesse im zeitlichen Rahmen von Jahrzehnten bis mehreren Jahrhunderten zulassen.

In den mir bekannten Versuchen, die Naturgesetze in einer Art „Weltformel" zu vereinen, spielt eine zentrale Rolle die Beobachtung, das praktisch alle Prozesse in Wellen verlaufen und Rückkopplungen ein Urprinzip des Lebens sind. Dabei erscheinen allerdings die Wellenlängen aus der Perspektive eines Menschenlebens oft als sehr lang, was die Gefahr birgt, in der langsamen Veränderung von Messwerten vorschnell absolute „Trends" zu sehen. So kann beispielsweise fälschlich der Eindruck entstehen, dass sich die menschliche Population aus dem Auf und Ab der Populationsschwankungen anderer Säugetiere grundsätzlich verabschiedet hat (dank arbeitsteiliger Nahrungsmittelproduktion, den Segnungen von Hygiene, Medizin usf.). Es wäre jedoch fatal, dieses aus Sicht der Industrienationen relativ ruhig und sicher erscheinende Wachstum einiger Jahrhunderte als Hinweis zu verstehen, dass wir mittlerweile unabhängig von (und quasi außerhalb) jeder ökologischen Ordnung stehen und diese gewissermaßen sogar beherrschen können. Die Zerbrechlichkeit dieser historischen Ausnahme-Situation zeigen nicht nur Blicke in die vorindustrielle Menschheitsgeschichte und über den Tellerrand der sog. Wohlstands-nationen, deutlich wird dies z.B. auch durch das immer schneller verlaufende Wettrüsten zwischen Krankheitserregern und pharmakologischer Abwehr.

VI. „Behutsamer Umgang mit der Natur" – was ist das?

Eine Nutzung der Natur findet, wie wir alle wissen, ja auch in ihr reichlich statt – Nutzung in oft erstaunlich verlustarmen Kreisläufen, jedenfalls viel perfekter als wir es trotz (oder wegen?) aller Technik zu organisieren vermögen. Was liegt also näher als die Empfehlung, dass auch wir unser Handeln an ökologischen Ordnungsprinzipien orientieren. Das mag zunächst nach Verzicht klingen. Langfristig streben wir damit auch materiell viel größerem Gewinn entgegen, als durch ständiges teures Eingreifen und Umlenkenwollen im Naturhaushalt erreichbar ist.

„Ökologische Ordnungsprinzipien" verweisen uns auf Umfang und zeitlichen Takt natürlicher dynamischer Prozesse in den jeweiligen Ökosystemen. Aber die Eingriffsintensitäten früher Sammler und Jäger in Wald- und Steppenlandschaften haben nur wenige Menschen pro Flächeneinheit ernährt (Gunilla u. Olsson, 1991). Jenseits der „Elastizitätsgrenzen" unserer natürlichen Lebensräume können wir im Abwägen sozio-ökonomischer Bedürfnisse und ökologischer Belange nur für ein „Konzept des minimalen Eingriffs" plädieren (Roweck 1995 u. 1998). Viele agrar- und forstökologische Untersuchungen gelten derzeit der Operationalisierung dieses „minimalen Eingriffs", wobei je nach Nutzungssystem, Standortsverhältnissen und betrieblichen Rahmenbedingungen Empfehlungen formuliert werden für eine Anwendung der Ressourcen-schonendsten Technologien und ein möglichst behutsames „Einbetten" ausgewählter Nutzungen in den gegebenen landschaftlichen Kontext. Zu diesem Ansatz gehört auch ein weitgehender Verzicht auf systemfremde Mittel (insbesondere Agrarchemie).

Die Vorteiles eines „so wenig wie nötig und möglich" lassen sich auch mit Blick auf unsere Seen illustrieren, denn mit jedem Nährstoff-Eintrag beschleunigen wir unumkehrbar ihre Alterung, an deren Ende die Verlandung des Gewässers steht. Fast alle Eingriffe haben nachhaltige Folgen, aber je ähnlicher sie in Art und Intensität auch natürlicherweise auftretenden Änderungen sind, desto größer ist die Chance der Organismen, sich darauf einzustellen und neu zu ordnen und desto geringer zugleich die dauerhafte Änderung des Systems.

VII. Die sichtbare und die unsichtbare Welt

J. W. v. Goethe sagte im Gespräch mit Kanzler v. Müller: *„Man erblickt nur, was man schon weiß und versteht. Oft sieht man lange Jahre nicht, was reifere Kenntnis und Bildung uns an dem täglich vor uns liegenden Gegenstand erst gewahren lässt."* Und in seinen Maximen und Reflexionen steht: *„Es hört doch jeder nur, was er versteht."*
Solche Einschränkungen gelten freilich für alle Sinne und beschreiben zunächst einmal nur die Filterung unserer Wahrnehmung vor dem

Hintergrund individueller Erfahrungen, also dessen, was wir schon zu kennen glauben. Dieses „zur Kenntnis nehmen" und Kennen lernen von Natur geschieht aber auf mehreren Ebenen in Auswahl:

- Der Limnologe, der mit uns Schwimmen war, kommt mit anderen Beobachtungen ans Ufer als wir, obwohl für uns alle dieselben Objekte wahrnehmbar waren.
- Auf der nächsten Stufe müssen wir erkennen, das die Welt unserer sinnlichen Wahrnehmung sich nicht mit der Realität unserer Mitgeschöpfe oder gar der unserer Messinstrumente deckt.

Wir hören, sehen, riechen z.B. deutlich weniger (oder anderes) als viele einfacher gebaute (wir sagen dann gern „primitivere") Organismen. Manche Fische riechen ihre Laichplätze quer durch riesige Wasserkörper. – Ein Python verfolgt präzise die Bewegungen einer Maus über mehrere Meter Entfernung allein an Änderungen der Wärmestrahlung. – Einige Nachtschmetterlinge „hören" die Radarortung von Fledermäusen und können mit einer Art Störsender antworten. – Viele Tiere registrieren Änderungen im Magnetfeld der Erde, in der Polarisationsrichtung des Lichtes, sehen einen um andere Farben ergänzten Regenbogen – usw. Viele dieser Leistungen werden noch dazu in weniger als Stecknadelkopf großen Organen erbracht, die sich in einem sehr weiten Rahmen selbst reparieren können. In jeder Stubenfliege steckt, so gesehen, ein Vielfaches an technischer Realitätsbeherrschung im Vergleich mit den modernsten Kriegsflugzeugen und seien sie noch so mit Elektronik vollgestopft. Auf einmal stehen unsere technischen Entwicklungen, auf die wir doch so stolz sind, gar nicht mehr so großartig da. „Ganz schön primitiv" könnten die Stubenfliegen auch über uns sagen.

Der überwältigenden Mehrheit der Phänomene „unserer wissenschaftlichen Realität" können wir uns allerdings nur über technische Hilfsmittel nähern (dies gilt nicht nur für die Objekte der Astronomie und die Erforschung des Mikrokosmos, sondern beispielsweise auch für weite Bereiche der modernen Chemie und Physik). Dabei gibt es sehr unterschiedliche Vorstellungen darüber, was unserer Erkenntnis prinzipiell (also durch sehen, hören, messen) zugänglich sein mag – ein Themenfeld, über das wir nur in Grenzen sinnvoll spekulieren können, denn dass die Mathematik mit n-dimensionalen Räumen rechnet, ist ja noch lange kein Beweis deren Existenz außerhalb mathematischer Logik.

Für eine Feldmaus dürfte der Sternenhimmel kein Ausschnitt des Kosmos sein, ebenso wird sich einem Heimchen weder der Sinn eines

Amselliedes noch die Logik einer Orgelfuge erschließen. Aber was wissen wir vom Amsellied oder gar vom Sternenhimmel? Viel schöner gesagt aus dem Munde des Tranzendentalisten R. W. Emerson: *„Wir würden mit ganz anderen Gefühlen zu den Ornithologen in die Schule gehen, wenn sie uns lehren könnten, was die geselligen Vögel sagen, wenn sie in ihrer Herbstversammlung sitzen und zusammen auf den Bäumen plaudern."*

Mit Blick auf den Sternenhimmel soll Galilei gesagt haben, die Bahnen der Gestirne seien leichter zu berechnen als die Mäander von Flüssen. Auch dieses Beispiel lehrt uns: Wenn man etwas berechnen kann, so ist das noch lange keine Garantie, es auch verstanden zu haben.

Nach H.P. Dürr (1994) sah die „alte Physik" in der Welt viele isolierte Objekte, zwischen denen allenfalls durch das Wirken bestimmter Kräfte lose Beziehungen bestehen. Je mehr jedoch über diese Kräfte in Erfahrung gebracht werden konnte, desto schwieriger wurde zugleich die Abgrenzung der einzelnen Phänomene, so dass die moderne Physik zunehmend vor dem Problem steht, zu sagen, was denn ein distinktes Teil überhaupt sei.

Nun liegt, hier anknüpfend, die Frage nahe: Wenn also im Kleinen alles verbunden scheint, gilt das dann nicht sehr wahrscheinlich auch in der anderen Richtung, also bei den höher aggregierten Beziehungen, den lebensgemeinschaftlichen, regionalen bis globalen, ja vielleicht sogar den kosmischen Beziehungen? Dass irgendwie alles mit allem zusammenhängt, war offenbar bereits eine Grundannahme früher Philosophen – ausgedrückt mit dem Begriff des Seins, von dem es bekanntlich keine Pluralbildung gibt.

Bereits der Blick auf die anzunehmenden Erkenntnis-Einschränkungen bei Feldmaus und Heimchen (s.o.) dürfte uns helfen zu erkennen, dass es auch für uns ganze Welten ungeahnter Phänomene weit jenseits unseres Vorstellungsvermögens geben mag – sei es in makro- oder mikrokosmischen, oder in noch ganz anderen Dimensionen. H. v. Ditfurth (1982) spricht in diesem Zusammenhang von einer *„weltimmanenten Transzendenz"*, die zwar *„noch nicht identisch* (ist) *mit dem von den Religionen gemeinten Jenseits..., uns jedoch... belehrt..., dass transzendente Wirklichkeiten nicht weniger real sind als der von uns erlebte Wirklichkeitsausschnitt."*

VIII. Von zugestandenen und verweigerten Rechten

Nun ist das Unverfügbare, sich unserem naturwissenschaftlichen Verständnis Entziehende, dessen Existenz und Wirken wir aber nicht leugnen können, zu weiten Teilen der Acker von Theologie und Ethik und je tiefer wir in diese Sphären eindringen, desto häufiger treffen wir auf Bilder und Begriffe dieser Disziplinen. Und je umfassender unsere Ahnung davon wird, welche großen Anteile der alles verbindenden Stränge des Naturganzen außerhalb unserer gedanklichen und – erst recht technischen – Reichweite liegen, desto ehrfürchtiger sollten wir diesem einen Ganzen begegnen, das durch diese Ehrfurcht eine *„religiöse Verbindlichkeit"*, eine Art *„heilige Geltung"* erhält (so die von M. Rock (1981) gewählten Worte). Viele Naturwissenschaftler, die im „angewandten Bereich" tätig sind, blicken fast neidvoll auf das Rüstzeug der christlichen Ethik, ohne das sich – allein mit „fachlichem Werkzeug" – für viele der angesprochen Aufgaben nur wenig ausrichten lässt.

Viele Autoren der Ethik-Diskussion heben auf die Notwendigkeit ab, allen Geschöpfen einen Eigenwert zuzuerkennen. Bezogen auf eine kleine Auswahl von Organismen tun wir dies ja bereits ansatzweise, wenn auch keineswegs konsequent (man denke an Massentierhaltung und Schlachtviehtransporte etc.). Aber wir tun es eben weder mit Blick auf ein ganzheitliches Natur-Gefüge, noch auf all die kleinen Mitgeschöpfe, die wir nicht direkt nutzen oder wenigstens streicheln können. Denken wir nur an das Heer der sogenannten Destruenten (Bodenorganismen), von deren Wirken unser Fortbestand viel mehr abhängt als von Kartoffeln und Orchideen.

W. Erz (1981) vermutet, dass es uns offensichtlich leichter fällt, nur *„mit einzelnen Teilen der Natur... in Haus, Hof und Garten ein auf sittlichen Grundsätzen beruhendes Verhältnis einzugehen."* Der Unterschied zwischen sich durch eine persönliche Beziehung verantwortlich Fühlen und dem Mangel an einer solchen Bindung ermöglicht es uns, das kranke Herz eines zahmen Kätzchens in einer Spezialklinik in Übersee operieren zu lassen, während an der Garderobe der Mantel aus dem Fell ungeborener Lämmer oder lebendig gehäuteter Robbenbabys hängt. (Über weite Distanzen versagt offenbar selbst das sonst so zuverlässige Kindchenschema.)

Einigen unserer Haus- und Nutztiere gestehen wir also Rechte zu, die wir den meisten frei lebenden Tieren und Pflanzen versagen, was in der (noch immer weit verbreiteten) Einteilung in n ü t z l i c h und s c h ä d - l i c h deutlich zum Ausdruck kommt. Und besonders heikel mit der

Ehrfurcht vor dem Lebendigen wird es bei den uns direkt zu Leibe rückenden Mitgeschöpfen (wehrhaften Tiere, Giftpflanzen, Krankheitsüberträgern).

IX. Das wesenhafte Medium Wasser

Fluss und Wasserkreislauf als Lebensmotive gehören zu den am häufigsten zitierten Landschaftssymbolen, von der Quelle bis zum Meer werden unsere Gewässer in vielen Kulturen als geradezu wesenhaft gesehen und dargestellt, und wir begegnen ihnen bisweilen fast wie einem fühlenden Wesen.

Mehr als mit einem geschundenen Acker leiden wir mit einem kanalisierten und degradierten Strom – der Fluss, in dem ich das Schwimmen gelernt habe, klagt viel lauter als irgend ein mir fremdes Gerinne. Wir freuen uns bei unerwarteter Begegnung mit einem munter sprudelnden Bergbach fast wie über ein Mitgeschöpf, wir setzen uns Ruhe und Einkehr suchend an ein Ufer. Und die Sagengestalten der Wassernixen und Meerjungfrauen, die uns hinabziehen wollen, mögen Bilder für die bisweilen fatale Anziehung sein, die das Wasser auf rat- und hilflose Menschen haben kann (Falter 2000): *„Am Fluss sitzend kann man innerlich wieder in Bewegung kommen, es kann einem vorkommen, als nähme er einem die Sorgen... ab. Der Fluss kann aber auch bedrohlich erscheinen, er kann einem spiegeln, wie viel ungelebtes Leben wir mit uns herumschleppen, und er kann als Aufforderung verstanden werden, selbst lebendig zu werden."*

Hermann Hesse lässt den jungen Sinclair im Demian bei einem Gespräch am Kamin seine Empfindungen schildern, die meditative Einkehr beim Anblick des Feuers wecken kann: *„... wir lernen die Stimmung kennen, in der wir nicht wissen, ob die Bilder auf unserer Netzhaut von äußeren Eindrücken stammen oder von inneren..."*

Verschmelzen Innen und Außen beim Anblick der Meeresbrandung, beim Erleben der „atmenden Körperhaftigkeit" dieses riesigen Wasserleibes, nicht in ähnlicher Weise und berühren sich so, dass ihre Grenze zu verschwimmen beginnt? Wir scheitern jedenfalls immer wieder beim Versuch, unser seelisches Verhältnis zum Wasser anders als in Bildern zu beschreiben.

X. Sinnliches Wahrnehmen von Natur als Schlüssel zu verantwortlichem Handeln?

Die Luft, die wir atmen und das Wasser, das wir trinken. Wenn man uns die nimmt, endet beim Wasser innerhalb weniger Tage, bei der Luft schon in Minuten unser Leben. Das ist gewiss banal und gilt in gleicher Weise für die meisten Mitgeschöpfe. Nun könnten wir beklagen, warum wir nicht schonender mit so unmittelbar lebenswichtigen Gemeingütern umgehen, wenn deren existentielle Bedeutung für uns alle so offensichtlich ist. Genau besehen ist die Sache fatal: Dass wir Luft und Wasser nicht für Gräser, Käfer und Mäuse achten, mag noch unserer selbstbezogenen Weltsicht angerechnet werden, doch wir achten sie auch nicht für unsere Mitmenschen – und noch nicht einmal für uns selbst.

In den meisten dicht besiedelten Gebieten Mitteleuropas kann das dort neugebildete Grundwasser nur noch mit hohem Aufwand als Trinkwasser für die Bewohner genutzt werden. Wie verloren wirkt da der gut gemeinte Hinweis, dass die freilebenden Tiere und Pflanzen ohne Kläranlagen auskommen müssen. Das anonyme Miteinander stumpft ab und trübt den Blick nicht nur für die Bedürfnisse der Mitgeschöpfe und des Nächsten sondern sogar von uns selbst.

Prof. Dieterich (ein ehemals leitender Wissenschaftler der Bayer AG) benennt, woran wir heute vor allem arm sind: an *„... Zeit und Stille. Dauerkonsum von Waren, Worten und Bildern raubt uns Zeit und lässt Stille nicht aufkommen... Konsum bereichert uns nicht, sondern macht uns arm, arm an uns selbst. Er verengt unser Bewusstsein auf das, was wir uns an Konsum leisten können. Zeit, Stille, Muße, Achtsamkeit lösen die Blockaden, die der innere Müll anrichtet... (durch) Schauen, Horchen, Aufmerksamsein, Bei-sich-selbst-sein.“*

Wo kann dies wirkungsvoller geschehen als im Wahrnehmen und Erleben der uns umgebenden und in vielfacher Weise tragenden Natur? Eine Natur, die uns helfen kann, Tugenden wie Gelassenheit und Geduld zu erlernen und sich – in einem nicht enden wollenden Reigen – immer wieder als eine *„Quelle echter Freude"* offenbart (Rock 1981).

Unter meinen Lehrveranstaltungen des vergangenen Sommers war auch eine Wattwanderung mit einer Grundschulklasse zu einer Hallig. Gewappnet mit Schautafeln über die Lebensweise der verborgenen Bewohner dieses Lebensraumes war ich – mal wieder – im Begriff, dem Zauber dieser Landschaft Namen und Fakten entgegen zu halten. Zum Glück verhinderte dies ein sich spontan entfaltendes Spiel: forschendes

Lernen und Staunen ohne und mit selbstgefundenen Namen ("Grünhaut, Muschelkönigin" etc.). Der schönste Lohn: die vor Begeisterung leuchtenden Kinderaugen angesichts der gemeinsam erlebten Schönheit und all der kleinen und großen Wunder, die ich doch schon so gut zu kennen meinte und nun auf einmal wieder mit ganz anderen Augen sah.

Eine Umfrage unter Biologen und Vertretern verwandter Fachrichtungen während einer internationalen Tagung ermittelte Aquarium und Mikroskop als hauptverantwortliche Requisiten aus Schulzeiten für die Wahl des späteren Berufes. Offenbar bieten unsere Gewässer und deren Lebewesen in besonderer Weise Ansatzpunkte für prägende Schlüsselerlebnisse, Erfahrungen, die aus Zuschauern dauerhaft Interessierte, ja Betroffene machen.

Der Pfarrer und Vogelkundler O. Kleinschmidt schrieb 1931: *"Der Genuss, den es gewährt, in Flur und Wald mit allen Stimmen, die das Ohr vernimmt, mit allen Gestalten, die flüchtig vor dem Auge vorüberhuschen, vertraut zu sein, wird fast noch übertroffen durch den Reiz, den es hat, all diese Gestalten und Stimmen Schritt für Schritt erst kennen zu lernen."*

Diese Art eines persönlichen Bezogenseins steht hinter fast jedem Dialog mit einer antwortenden Natur und bildet somit den vielleicht wichtigsten Grundstein für naturverantwortliches Handeln (s.o.). Und vielleicht wächst hier zugleich der bitter notwendige Gegenpol zur Moral einer rein mechanistischen Weltsicht, die uns lehren will, wie einsam und verloren die Erde als kosmisches Zufallsprodukt durch Raum und Zeit treibt und dass die Lebensvorgänge letztlich nur unbeseelte Produkte sind aus lauter Zufällen und einer Handvoll simpler physikalisch-/chemischer Notwendigkeiten. Nicht nur unsere Entscheidungsfreiheit sondern auch jeder Appell an verantwortliches Handeln fielen hierdurch in den Bereich reiner Fiktion.

Persönliche Bezüge im angesprochenen Sinne bei Erwachsenen zu schaffen, ist ungleich schwerer als bei Kindern, für die unmittelbare Aufnahme noch die ganz normale Form der Wahrnehmung ist, einfach weil alle Sinne ohne Filter noch "voll auf Empfang" gestellt sind. Und es gehört nicht viel Mut dazu, voraus zu sagen: Sie werden später um so rücksichtsvoller und verantwortlicher mit "ihrer" Natur umgehen, je intensiver sie heute von dieser "Quelle echter Freude" kosten dürfen.

Meine ersten Muttertags-Sträuße haben sicher auch die Mutter gerührt, aber sie haben mir zugleich unvergesslich das bunte Bild der Blumenwiesen meiner Heimat eingeprägt.

Und jede im Marmeladenglas verhungerte Spinne und jeder versehentlich vertrocknete Molch haben schon früh ein Mitgefühl geschürt, dass bei der Berufswahl nicht mehr viele Wege offen ließ. Heute hindern wir oft unsere Kinder an derartigen Erlebnissen, sei es durch großstädtische Hygienevorstellungen oder sei es z.b. durch widersinnige Details in Naturschutzgesetzen, wo solche Kontaktmöglichkeiten immer weiter eingeschränkt, in sog. Naturerlebnisräume verbannt oder gar unter Strafe gestellt werden und man sich nur noch mit schlechtem Gewissen für ein paar Tage im Frühjahr einen Teichmolch ins Aquarium holen kann. Wie anders sehe ich dagegen „irgend einen Wald", wenn es eben auch „meinen Wald" gibt bzw. in Kindertagen gegeben hat – wenn unser Verhältnis zur Schöpfung ungehindert durch übertriebene Regelungen und Stacheldraht von persönlichen Beziehungen leben kann (Bockemühl 1993).

Hubert Weinzierl (1981) nimmt an, dass uns vielleicht nur eine wirklich weltumspannende „Ära globaler Solidarität" aus der Sackgasse herausführen kann. Aber: Wie können wir die schaffen? Wer weiß, vielleicht gelingt das nur durch eine entsprechende Betroffenheit und Förderung der nächsten Generation heranwachsender Kinder?!

Literatur

ARA (2002) (Arbeitsgemeinschaft Regenwald und Artenschutz): Was ist biologische Vielfalt? 5, 6-7.

Barbeau, Ph. (2002): Vogelstimmen wecken Erinnerungen. In Perrin, J.: Nomaden der Lüfte. Gerstenberg, Hildesheim.

Bockemühl, J. (1993): Kann ein holistischer Umgang mit Natur formuliert werden? Elemente der Naturwissenschaft 58, 28-36.

v. Ditfurth, H. (1983): Evolutionäres Weltbild und theologische Verkündung – Möglichkeiten einer „Harmonisierung" von Wissen und Glaube. Rasch & Röhrig, Hamburg.

Dürr, H.P. (1994): Respekt vor der Natur, Verantwortung für die Natur. Piper, Müchen.

v. Engelhardt, D. (2002): Natur und Mensch in der Sicht der romantischen Naturforschung. Vortrag der Carl Blechen-Gesellschaft am 20.6.2002 in Cottbus.

Erwin, T. (1982): Tropical forests: Their richness in Coleoptera and other arthropod species. Coleopt. Bull. 36, 74-75.

Erz, W. (1981): Hat die wissenschaftliche Ökologie ein Anliegen an die Theologie? Tagungsberichte der ANL 2/81, 24-33.

Falter, R. (2000): Der Fluß des Lebens und die Flüsse der Landschaft – Zur Symbolik des Wassers. Laufener Seminarbeiträge 1/00, 37-50.

Gunilla, E. und A. Olsson (1991): Agro-ecosystems from Neolithic time to the present. Ecological bulletins 41, 293-314.

Höffner, K. (1980): Erklärung der Deutschen Bischofskonferenz zu Fragen der Umwelt und der Energieversorgung. In: Weinzierl, H. (1981): Gnade für die Schöpfung. Tagungsberichte der ANL 2/81 34-43.

Illies, J. (1972): Für eine menschenwürdige Zukunft. Die gemeinsame Verantwortung von Biologie und Theologie. Herderbücherei 432, Herder, Freiburg.

Kleinschmidt, O. (1931): Die Singvögel der Heimat. Quelle & Meyer, Leipzig.

Portmann, A. (1956): Biologie und Geist. Rhein-Verlag, Zürich.

Rock, M. (1981): Was geht die Christen der Naturschutz an? Berichte der ANL 2/81, 17-23.

Roweck, H. (1995): Landschaftsentwicklung über Leitbilder. Kritische Gedanken zur Suche nach Leitbildern für die Kulturlandschaft von morgen. LÖBF-Mitteilungen 4, 25-34.

Roweck, H. (1998): Deriving Eco Targets from Ecological Orientors: How to Realise Ecological Targets at the Landscape Scale. In: Müller, F., Leupelt. M. (Ed.): Eco Targets, Goal Functions and Orientors. Springer, Berlin, Heidelberg, 503-510.

Simon, H.-R. (2001): Wie viele Arten der rezenten Insekten kennen wir? – Ein Basisproblem der Biodiversitätsforschung. Entomol. Zeitschr. 111(8), 243-252.

Weinzierl, H. (1981): Gnade für die Schöpfung. Tagungsberichte der ANL 2/81 34-43.

Mojib Latif

Der globale Klimawandel

Die Klimaproblematik

Das Klimaproblem hat seinen Ursprung darin, dass der Mensch durch seine vielfältigen Aktivitäten bestimmte klimarelevante Spurengase in die Atmosphäre entlässt. Diese Spurengase führen zu einer zusätzlichen Erwärmung der Erdoberfläche und der unteren Luftschichten, dem "anthropogenen Treibhauseffekt". Von größter Bedeutung ist dabei das Kohlendioxid (CO_2), das vor allem durch die Verbrennung fossiler Brennstoffe (Erdöl, Kohle, Erdgas) in die Atmosphäre entweicht. Der weltweite CO_2 Ausstoß ist eng an den Welt-Energieverbrauch gekoppelt, da die Energiegewinnung vor allem auf fossilen Energieträgern basiert. Andere wichtige Spurengase sind vor allem Methan (CH_4), Distickstoffoxid (N_2O) und die Fluor-Chlor-Kohlenwasserstoffe (FCKW). Das Kohlendioxid hat einen Anteil von ca. 50% an dem durch den Menschen verursachten (anthropogenen) Treibhauseffekt. Vom Menschen in die Atmosphäre emittiertes CO_2 hat eine typische Verweildauer von ca. 100 Jahren, was die Langfristigkeit des Klimaproblems verdeutlicht. Der CO_2 Gehalt der Erdatmosphäre war seit Jahrhunderttausenden nicht mehr so hoch wie heute. Messungen belegen zweifelsfrei, dass sich die Konzentration von CO_2 in der Atmosphäre seit Beginn der industriellen Revolution rasant erhöht hat. Lag der CO_2 Gehalt um 1800 noch bei ca. 280 ppm (ppm: parts per million), so liegt er heute schon bei ca. 370 ppm. Dass der Mensch für diesen Anstieg verantwortlich ist, ist unstrittig und kann eindeutig durch Messungen belegt werden. Ein Blick in die Vergangenheit zeigt, dass der CO_2 Gehalt heute schon so hoch ist wie seit ca. 450.000 Jahren nicht mehr (Abbildung 1). Dabei hat man die Schwankungen in der chemischen Zusammensetzung der Erdatmosphäre aus Eisbohrkernen rekonstruiert, indem die im Eis eingeschlossenen Luftbläßchen analysiert wurden.

Der zusätzliche (anthropogene) Treibhauseffekt

Bei einer Erde ohne Atmosphäre wäre die Oberflächentemperatur ausschließlich durch die Bilanz zwischen eingestrahlter Sonnenenergie und der vom Boden abgestrahlten Wärme-(Infrarot-)Strahlung festgelegt.

Diese Oberflächentemperatur würde im globalen Mittel etwa -18°C betragen. Selbst eine Atmosphäre aus reinem Sauerstoff und Stickstoff, die ja die Hauptkomponenten unserer Atmosphäre (ca. 99%) bilden, würde daran nichts wesentliches ändern. Dagegen absorbieren bestimmte Spurengase, wie Wasserdampf und Kohlendioxid, die von der Erdoberfläche ausgehende Wärmestrahlung und emittieren ihrerseits auch in Richtung der Erdoberfläche langwellige Strahlung. Dies führt zu einer zusätzlichen Erwärmung der Erdoberfläche. Die Temperatur der Erdoberfläche beträgt daher im globalen Mittel ca. +15°C.

Die Konzentration der langlebigen "Treibhausgase" nimmt systematisch zu: seit Beginn der Industrialisierung bis heute bei Kohlendioxid (CO_2) um ca. 30%, bei Methan (CH_4) um 120% und bei Distickstoffoxid (N_2O) um ca. 10%. Hierdurch wird eine langfristige zusätzliche Erwärmung der unteren Atmosphäre und der Erdoberfläche angestoßen. Die global gemittelte Temperatur der Erde ist in den letzten 100 Jahren um etwa 0,6°C angestiegen.

Die Wissenschaft hat die Bringschuld erbracht

Es drängt sich nun die Frage auf, was man schon heute an Klimaänderung beobachten kann. Dabei ist zu berücksichtigen, dass das Klima auf äußere Anregungen immer mit einer Zeitverzögerung von einigen Jahrzehnten reagiert. Rekonstruktionen der Temperatur der Nordhalbkugel der letzten 1.000 Jahre zeigen aber bereits einen offensichtlichen Erwärmungstrend in den letzten 100 Jahren (Abbildung 2). Dabei ist zu berücksichtigen, dass die Temperaturen vor 1900 vor allem aus indirekten Verfahren (wie z.B. der Analyse von Eisbohrkernen, Baumringen und Korallen) abgeleitet wurden, was zu einer recht großen Unsicherheit in der Bestimmung der Temperatur führt. Selbst wenn man aber die maximale Unsicherheit zu Grunde legt, war das Jahrzehnt 1990-1999 das wärmste in den letzten 1.000 Jahren. Zusammen mit weiteren statistischen und auf Modellen basierenden Analysen (Fingerabdruckmethoden) kann man heute bereits sagen, dass der beobachtete Temperaturanstieg der letzten Jahrzehnte mit sehr hoher Wahrscheinlichkeit vor allem auf den Menschen zurückgeht. Es hat zwar in der Vergangenheit immer wieder Klimaschwankungen gegeben, die nicht auf menschliche Aktivität zurückgehen, wie beispielsweise die mittelalterliche Warmzeit oder die kleine Eiszeit. Diese waren im Vergleich zum Anstieg der Temperatur der letzten Jahrzehnte allerdings deutlich schwächer, zumindest im globalen Maßstab.

Es wird immer wieder die Frage nach der Rolle der Sonne für die Erderwärmung gestellt. Die Sonneneinstrahlung unterliegt Schwankungen, die auch mit der Sonnenfleckenaktivität zusammenhängen. Gemittelt über die letzten 100 Jahre stieg die Solarkonstante an: Nach Schätzungen liegt sie zur Zeit etwa 0.25% höher als vor 100 Jahren. Klimamodellsimulationen zeigen, dass in den letzten 100 Jahren durch den Anstieg der Sonnenintensität ein Teil der beobachteten Erwärmung erklärt werden kann, allerdings mit etwa 0.2°C nur ungefähr ein Drittel der Gesamterwärmung. Die Sonnenvariabilität allein kann also nicht für den beobachteten Temperaturanstieg der letzten 100 Jahre von ca. 0.6°C verantwortlich sein, der überwiegende Anteil an der Erdwärmung ist daher vom Menschen verursacht.

Ist das Klima vorhersagbar?

In wieweit reagieren chaotische Systeme wie das Klima auf menschliche Einflüsse und können sie überhaupt berechnet werden? Am besten vergleicht man den Einfluss des Menschen auf das Klima mit einem gezinkten Würfel. Das Zinken besteht darin, dass wir die Temperatur der Erde infolge des Ausstoßes bestimmter klimarelevanter Gase, wie beispielsweise das Kohlendioxid, erhöhen. Dies führt zu mehr Wetterextremen, so wie der gezinkte Würfel mehr Sechsen hervorbringt. Wir können aber nicht sagen, wann die nächste Sechs kommt, denn die Reihenfolge der Zahlen bleibt zufällig. Ähnlich verhält es sich mit den Wetterextremen: Wir können zwar ihre Statistik berechnen, beispielsweise dass sie sich infolge der globalen Erwärmung häufen werden, wir wissen aber nicht, wann genau die Wetterextreme eintreten. Dies erklärt auch, warum längerfristige Klimavorhersagen möglich sind, obwohl Wettervorhersagen prinzipiell auf kurze Zeiträume beschränkt sind.
Das Beispiel des gezinkten Würfels verdeutlicht auch, dass die Tatsache, dass ein bestimmtes Ereignis schon einmal beobachtet worden ist, keinerlei Rückschlüsse auf die Eigenschaften des Würfels zulässt: Der Würfel hat auch vor dem Zinken schon Sechsen geliefert. Auf das Wetter übertragen bedeutet dies, dass die Tatsache, dass man beispielsweise schon einmal eine schwere Überschwemmung oder eine langanhaltende Trockenperiode beobachtet hat, nicht bedeutet, dass sich die Statistik des Wetters nicht verändert hat. In der Tat zeigen Beobachtungen der letzten hundert Jahre, dass sich extreme Wetterereignisse weltweit häufen, wie von den Klimamodellen

vorhergesagt. Und es ist genau diese Häufung extremer Wetterereignisse, die man der globalen Erwärmung zuordnen kann.

Wie wird das Klima in Europa im 21. Jahrhundert aussehen?

Bis zum Jahr 2100 wird die globale Erwärmung je nach angenommenem
Szenarium und verwendetem Modell zwischen 1,4 und 5,8°C im globalen
Mittel betragen (Abbildung 3). Zusammen mit der heute bereits
realisierten globalen Erwärmung von etwa 0.6°C entspräche dies im
Extremfall in etwa dem Temperaturunterschied von der letzten Eiszeit bis
heute. Es würde sich also um eine für die Menschheit einmalig rasante
globale Klimaänderung handeln, für die es in der letzten Million Jahre
kein Analogon gäbe. Wegen der Trägheit des Klimasystems ist selbst
unter großen Anstrengungen beim Klimaschutz eine gewisse weitere
Erderwärmung nicht mehr zu verhindern, die mit 1,4°C etwa doppelt so
groß sein wird wie die Erwärmung in den letzten 100 Jahren.
Während der Sommerniederschlag fast überall in Europa abnimmt, wird
im Winter ein ausgeprägtes Nord-Süd-Gefälle vorhergesagt mit einer
Abnahme im niederschlagsarmen Südeuropa und einer Zunahme im
niederschlagsreichen Mittel- und Nordeuropa. Diese Zunahme hängt
zusammen mit intensivierter winterlicher Sturmaktivität über dem
Nordostatlantik und verstärkten Westwinden, die feuchte Luft vom
Atlantik heranführen. Auffällig ist eine Häufung von Starkniederschlägen
sowohl im Winter wie auch im Sommer und damit eine erhöhte
Wahrscheinlichkeit von Überschwemmungen. Die Anzahl von Frosttagen
wird in Europa bis zur Mitte dieses Jahrhunderts deutlich abnehmen,
während sich die Anzahl von Hitzetagen (Temperaturen über 30°C) um
etwa dreißig Tage stark erhöhen wird. Nach neuesten Berechnungen mit
hochauflösenden regionalen Klimamodellen wird sich die
Wahrscheinlichkeit des Auftretens von sehr trockenen und sehr warmen
Sommern in Europa dramatisch erhöhen. Sommer, wie der des Jahres
2003, würden im Jahr 2070 im Mittel alle zwei Jahre auftreten.

Das Kioto-Protokoll, ein erster wichtiger Schritt

Am 10. Dezember 1997 haben die Vertragsstaaten der Rahmenkonven-
tion der Vereinten Nationen zu Klimaänderungen einstimmig das sogenannte Kioto-Protokoll angenommen. Die Industrieländer verpflichten
sich mit ihm, ihre Treibhausgasemissionen um im Mittel 5,2% (bezogen
auf die Emission im Jahre 1990) bis zur Periode 2008 bis 2012 zu

mindern. Völkerrechtlich verbindlich wird das Kioto-Protokoll, wenn mindestens 55 der Vertragsstaaten, die mindestens 55% aller CO_2-Emissionen des Jahres 1990 umfassen, ratifiziert haben. Die USA haben sich allerdings inzwischen vom Kioto-Protokoll losgesagt.

Den aus Sicht der Klimaforscher notwendigen Klimaschutz liefert das Kioto- Protokoll in der gegenwärtigen Form keineswegs. Um gravierende Klimaänderungen in den nächsten hundert Jahren zu vermeiden, müsste der Ausstoß von Treibhausgasen auf ein Bruchteil des heutigen Ausstoßes bis zum Jahr 2100 reduziert werden. In der Zukunft muss daher der Einführung der regenerativen Energien mehr Gewicht beigemessen werden, denn nur diese, insbesondere die Sonnenenergie, stehen unbegrenzt zur Verfügung.

Abbildungen:

CO$_2$ Konzentration in den letzten ca. 450.000 Jahren

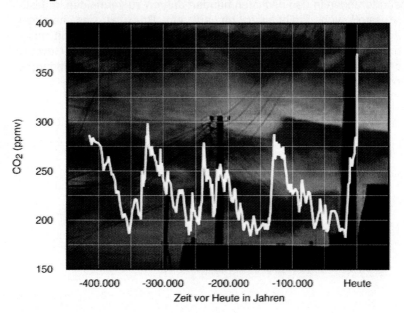

Abbildung 1: Der Kohlendioxid (CO$_2$) Gehalt der Erde in den letzten ca. 450.000 Jahren. Der Anstieg der CO$_2$ Konzentration seit Beginn der Industrialisierung ist offensichtlich und auf den Menschen zurückzuführen.

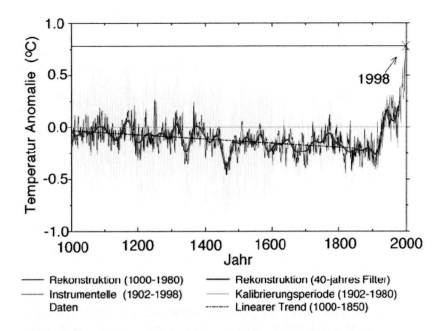

Abbildung 2: Rekonstruktion der Temperatur der Nordhalbkugel der letzten 1.000 Jahre. Der schraffierte Bereich stellt die Unsicherheit dar. Man erkennt, dass die Erwärmung der letzten 100 Jahre außergewöhnlich im Vergleich zu den Schwankungen in den vorhergehenden Jahrhunderten ist. Die Werte sind Abweichungen vom Mittelwert der Jahre 1961-1990.

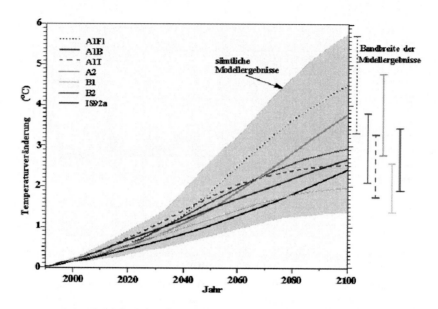

Abbildung 3: Entwicklung der globalen Mitteltemperatur der Erde bis zum Jahr 2100 in Abhängigkeit vom angenommenen Emissionsszenarium und für verschiedene Klimamodelle (nach IPCC 2001).

BARBARA KAMRADT

Grundprinzipien der Arbeit von Greenpeace

I. Was macht Greenpeace in einer Veranstaltungsreihe zum Thema Ethik?

Greenpeace ist bekannt für den oft spektakulären Kampf gegen Umweltzerstörung und Ungerechtigkeit und für einen anderen, respektvolleren Umgang mit Natur. Spektakuläre Aktionen, Bilder und Dokumentationen werfen dabei exemplarisch ethische Fragen auf. Darf man Wale ausrotten? Darf man die Meere plündern und verschmutzen? Darf man Urwälder vernichten? Dürfen Konzerne sich durch Patente die Natur, die Grundlage des Lebens, aneignen, zur Ware machen? Darf man die Welt mit Atomwaffen und Atomtests in ihrer Existenz bedrohen? Dürfen die reichen, mächtigen Länder arme Länder als Müllkippen benutzen?

Greenpeace gibt Antworten auf diese Fragen und handelt nach dem Motto: „Taten statt Warten" – international, gewaltfrei und unabhängig von Politik, Wirtschaft oder Weltanschauungen.

Greenpeace ist dabei keine Protestmaschine, sondern eine pressure group, die für einen grundlegenden Wandel in Richtung auf ökologisch verantwortliches Handeln kämpft.

Proteste bringen Mißstände in die Öffentlichkeit, sind aber zugleich auch eine Ermutigung für andere zum Handeln. Sie sind Zeichen der Hoffnung, des Optimismus: Es geht auch anders.

Die Grundprinzipien der globalen Greenpeace Arbeit sollen hier erläutert werden.

II. International für den Schutz der natürlichen Gemeinschaftsgüter

Umweltschutz kennt keine Grenzen – dieser Satz begleitet Greenpeace seit der Gründung und bedingt, dass Greenpeace Länder übergreifend arbeitet.

Der Schwerpunkt der Greenpeace-Arbeit liegt auf den großen globalen Umweltschutzthemen wie Emissionen von Treibhausgasen, Vernichtung von Urwäldern, Überfischung und Vergiftung der Meer, nukleare Bedrohung, Vergiftung der Biosphäre und die Erosion der biologischen

Vielfalt durch die Vernichtung von Lebensräumen und Arten sowie neuerdings auch durch die Gentechnik.

Naturzerstörung von globalem Ausmaß geschieht vor allem dort, wo internationale Regeln, also politisches Handeln, fehlt oder korrupte oder schwache Regierungen nicht handeln: bei der Verschmutzung von „kostenlosen" globalen Gemeinschaftsgütern wie der Atmosphäre, der Vergiftung und Plünderung der Ozeane ebenso wie bei der Vernichtung der großen Urwälder dieser Erde, der Vergiftung von Flüssen und Böden.

Es zeigt sich immer deutlicher, dass die dynamischen globalisierten Märkte und Wirtschaftsakteure die natürlichen Gemeinschaftsgüter nicht schützen. Hier ist die nationale und internationale Politik gefordert, Leitplanken zu setzen (und durchzusetzen), um unsere Lebensgrundlagen zu erhalten.

Doch dieser Aufgabe kommt die nationale wie internationale Politik nur unzulänglich nach. Greenpeace zeigt deshalb weltweit mit spektakulären Aktionen das Versagen von Politik und Wirtschaft auf und fordert Lösungen.

III. Für die Menschen, für demokratische Rechte und eine Zivilgesellschaft

Greenpeace agiert dabei global pro Natur, ohne jedoch die Menschen zu vergessen. In einer begrenzten Welt gilt es die nachhaltig nutzbaren Ressourcen gerecht zu teilen. Gerade die Armen dieser Welt leiden oft am stärksten unter Naturzerstörung, denn sie sind auf die natürlichen Ressourcen wie Wälder, Böden und Flüsse als Lebensgrundlage angewiesen. Sie leben oft in Regionen, die besonders verschmutzt und vergiftet werden.

Der Schutz von Natur und der natürlichen Gemeinschaftsgüter ist kein Luxus, sondern Lebensgrundlage für jetzige und kommende Generationen. Greenpeace arbeitet deshalb nicht nur in den westlichen industrialisierten Ländern, sondern auch in Ländern wie Indien, China, Philippinen, in Mexiko, Brasilien und Argentinien und im Libanon. In Ländern also mit sehr unterschiedlichen wirtschaftlichen, sozialen und religiösen Hintergründen.

Greenpeace-Arbeit braucht allerdings ein Mindestmaß an Bürgerrechten und Personenschutz, um in einem Land wirksam agieren zu können. Das beschränkt die Arbeit jedoch keineswegs auf alte Demokratien des Westens. Auch in Ländern mit jungen, sehr brüchigen oder sich erst langsam entwickelnden demokratischen Strukturen, wie beispielsweise dem Libanon oder Russland, kann Greenpeace sich erfolgreich für sauberes Wasser oder eine geregelte Müllentsorgung einsetzen und dabei zugleich Vorbild für die Entwicklung einer Bürgergesellschaft sein. Umweltschutz an sich ist erst einmal unverdächtig. Doch als „Nebeneffekt" zeigt die Greenpeace-Arbeit auch, dass gewaltfreier Widerstand und Zähigkeit zu mehr Transparenz und zum Erfolg führt. Greenpeace-Büros in Beirut, Istanbul oder Hongkong loten Freiheitsrechte quasi als Pilotprojekte aus.

Ein Greenpeace-Büro in Tunesien mussten wir allerdings 1996 schließen, weil die Regierung die Presse gleichgeschaltet hatte. Wo kein Mindestmaß an Meinungsfreiheit existiert, kann Greenpeace nicht effektiv arbeiten.

Greenpeace Aktionen (Anketten, Klettern, mit Schlauchbooten vor Walfänger fahren etc.) sind eine Form des zivilen Ungehorsams und bilden seit 1971 das Herzstück der Greenpeace-Strategie. Greenpeace-Aktivitäten sind radikal aber immer und ohne Ausnahme gewaltfrei. Auch wenn Greenpeace Opfer von Gewalt z.B. durch Sicherheitskräfte wird – zurückgeschlagen wird nie.

Ein weiteres Grundprinzip geht auf die Quäker zurück: Bearing witness, Zeugnis ablegen. Bearing witness soll die Beobachter verändern und ihr Engagement, ihr Mitgefühl und ihren Ärger vergrößern. Bearing witness ist das Gegenteil von Wegschauen und sorgt für Transparenz. Dieses Prinzip kann von Recherche über Dokumentation bis hin zu Konfrontation gehen.

Grundlegend ist dabei der persönliche Einsatz der Aktivisten, die mit ihrem Körper für ihre Überzeugung einstehen, Gefahren in Kauf nehmen und auch rechtliche Konsequenzen tragen.

Wichtig ist aber auch die vermittelnde Rolle der Medien, denn nur so können möglichst viele Menschen zu Beobachtern werden und die notwendige gesellschaftliche Debatte und den politischen Druck erzeugen, der letztlich zu Veränderungen führt. Unser Verhältnis zu Politik und Industrie kann und soll dabei immer als gespannt beschrieben werden. Greenpeace ist gern Partner, wenn wir dabei Lösungen durchsetzen. Wir sind aber sofort wieder Gegner, wenn sich hinter den Kulissen nichts bewegt. Zur besonderen Rolle der Konfrontation in den politischen Auseinandersetzungen schrieb der Greenpeace-Anwalt Michael Günther:

„Konfliktbereitschaft ist deshalb so wichtig, weil sich die Rechtsordnung in einer Schieflage befindet. Der Gerichtliche Rechtsschutz – und damit auch die Rechtmäßigkeitskontrolle der Verwaltung und die Durchsetzung rechtlicher Pflichten – ist fast ausschließlich an eigennützige Interessen, an subjektive öffentliche Rechte, nicht aber an Gemeinwohl gekoppelt. Jeder Bürger kann sein Privateigentum und seine egoistischen Interessen vor Gericht verteidigen. Rechtswidrige, vom Staat geduldete Eingriffe in Umwelt und Naturgüter hingegen können in der Regel nicht mit Erfolg verhindert werden. Das Verwaltungsermessen wird von denen beeinflusst, die wirtschaftlich und vor Gericht Druck ausüben können (...). Gegendruck, erzeugt durch öffentliche Aktionen, korrigiert die Schieflage bis zu einem gewissen Grad" (Das Greenpeace Buch /C.H. Beck, Seite 75, Greenpeace und das Recht/Michael Günther).

IV. Benennung von Verantwortlichen

Ein weiteres Grundprinzip der Greenpeace-Arbeit ist die Benennung von Verantwortlichen. Umweltverbrechen, Naturzerstörungen geschehen nicht einfach schicksalhaft, es gibt immer Interessen und Akteure. Diese sichtbar zu machen, ist häufig Teil der öffentlichen Auseinandersetzung. Dabei kann es sich um Verantwortliche aus Politik oder auch aus der Wirtschaft handeln.

Diese Art der Auseinandersetzung ist ein legitimes demokratisches Mittel. Im Juni 1999 lehnte das Bundesverfassungsgericht die Verfassungsbeschwerde des früheren Vorstandschefs der Hoechst AG, Wolfgang Hilger, gegen ein Protestplakat der Umweltschutzorganisation ab und bestätigte das Urteil des Bundesgerichtshofs von 1993 über die Zulässigkeit des Plakats. Es ging um ein Motiv als Protest gegen den Klimawandel. Darauf waren zwei Porträts der Kläger zu sehen mit dem Spruch: „Alle reden vom Klima – Wir ruinieren es: Prof. Dr. Wolfgang Hilger, Hoechst – Konsul Cyril van Lierde, Kali Chemie." Aus der Begründung: „Mit der Plakataktion verfolgte Greenpeace ersichtlich das Ziel, in dieser die Öffentlichkeit wesentlich berührenden Frage Druck auf Unternehmen auszuüben, welche noch FCKW produzierten. Zu Recht hat der Bundesgerichtshof betont, dass sich eine Person, die sich Kraft ihrer Stellung Entscheidungen von solcher Tragweite, wie sie hier zur Debatte stünden, zurechnen lassen müsse, in besonderer Weise der Kritik zu stellen habe" (Begründung Bundesverfassungsgericht vom 8. April 1999).

V. Greenpeace-Kampagnen arbeiten exemplarisch, haben aber einen langen Atem

Greenpeace Kampagnen bringen Mißstände in die Öffentlichkeit, um politische Veränderungen zu bewirken. Dabei arbeitet Greenpeace häufig exemplarisch, um Themen zuzuspitzen und den nötigen politischen Druck zu erzeugen. Die langfristigen Veränderungen gehen dabei oft über die kurzfristigen Ziele der Kampagnen hinaus. So startet Greenpeace 1980 eine Kampagne gegen Dünnsäureverklappung in der Nordsee. Das sachbezogene Ziel war die Einstellung der Ableitung saurer Produktionsabfälle aus der Titanoxidherstellung ins Meer. Doch mit dieser Kampagne ist es Greenpeace indirekt gelungen, das Vorsorgeprinzip in der öffentlichen Debatte zu verankern. In ihrer „Rekonstruktion und Bewertung zweier Greenpeace-Kampagnen zum Meeresschutz" kommen die Wissenschaftler Ahrens und Lohse (Ökopol) zu dem Schluß: „Die politische Auseinandersetzung um die Titanoxidrichtlinie der EU und die parallelen Diskussionen im Rahmen von OSPAR (Oslo-Paris-Kommission zum Meeresschutz) sind als Schlüsselauseinandersetzungen um den Besorgnisgrundsatz bzw. das Vorsorgeprinzip zu werten (...). So haben die OSPAR und HELCOM Strategie gegen gefährliche Stoffe 1998 nicht nur die Vermeidung von Effekten zum langfristigen Ziel erklärt, sondern das Ende der Einträge schädlicher Stoffe bis 2020" (Rekonstruktion und Bewertung zweier Greenpeace-Kampagnen zum Meeresschutz/Andreas Ahrens, Joachim Lohse/Ökopol Hamburg, März 1999, S.17).
Auf solchen grundsätzlichen Veränderungen in der Rechtsauffassung und der öffentlichen Meinung läßt sich dann weiter aufbauen. Grant Jordon, Professor für Politik und internationale Verbindungen an der Universität Aberdeen, kommt in seiner Betrachtung der Verhinderung der Versenkung der Ölplattform Brent Spar im Jahr 1995 zu dem Schluß: „Die Brent-Spar-Kehrtwende war nicht das Ergebnis der kurzfristigen Greenpeace-Aktivitäten während der Besetzung und der damit verbundenen Öffentlichkeit, sondern der langfristig angelegten Änderung der öffentlichen Meinung in Sachen Müllversenkung im Meer" (Grant Jordan: Indirect causes and effects in policy change: The Brent Spar case, in: Public Administration, vol.76, Winter 1998, S. 737).
Auch diese „kurzfristigen Aktivitäten" rund um die Verhinderung der Versenkung der Brent Spar hatten ihrerseits längerfristige, weitreichende Wirkung: 1998 beschloss die OSPAR Konferenz ein generelles Verbot

43

für die Versenkung ausgedienter Öl- und Gasplattformen im Nordost-Atlantik.

Für den Greenpeace-Anwalt Michael Günther signalisierte die Brent Spar eine Wende im Völkerrecht: „Hochrangige Rechtsgüter, wie der nachhaltige Schutz der Meeresumwelt, werden auf hoher See künftig nicht mehr zur Disposition einzelner Staaten stehen – und zwar auch dann nicht, wenn die betreffenden Länder den Übereinkommen zum Schutz der Meeresumwelt nicht beigetreten sind oder Vorbehalte geäußert haben. Das Völkergewohnheitsrecht entwickelt sich fort mit der Auffassung der Völkerrechtssubjekte (...). Damit begann sich eine Rechtsauffassung durchzusetzen, der zufolge die Meere das gemeinsame Erbe der Menschheit sind. Jede vermeidbare Störung ist deshalb ein Eingriff in das Recht künftiger Generationen, keine schlechteren Lebensbedingungen vorzufinden als sie die Menschheit gegenwärtig hat. Niemand, weder ein Staat noch ein Großkonzern hat das Recht, sich darüber hinweg zu setzen." (Das Greenpeace-Buch, C.H.Beck/S.64 „Greenpeace und das Recht"/Michael Günther).

VI. Lobbyarbeit

Konfrontation ist allerdings nur ein – wenn auch ein wichtiger – Aspekt der Greenpeace-Arbeit. Greenpeace betreibt auch aktive internationale Lobbyarbeit und hat Beobachterstatus bei vielen internationalen Konferenzen wie der OSPAR (Abkommen zum Schutz des Nordost-Atlantiks), IWC (Internationale Walfang-Kommission), London Dumping Convention, Basel Convention (Baseler Giftmüll-Abkommen). Ob national, europaweit oder global – Gesetze, Richtlinien, Internationale Konventionen, Abkommen, Protokolle, Moratorien oder sonstige Vereinbarungen sichern langfristig die Erfolge unserer Kampagnen ab.

VII. . Konsumentenarbeit

Seit einigen Jahren arbeitet Greenpeace verstärkt mit Konsumenten. Dabei werden die Verbraucher über Konzerne (und ihre Produkte) aufgeklärt und mobilisiert – eine Strategie, die häufig zum Erfolg führt: der Brent-Spar-Sieg war auch und vor allem ein Sieg der Verbraucher. Ein weiteres eindrucksvolles Beispiel für den erfolgreichen Einsatz von Verbrauchermacht gibt es im Bereich der sogenannten „Grünen Gentechnik": Seit Mitte der 90er hält massiver Verbraucherdruck den europäischen Markt weitgehend frei von gentechnisch veränderten

Lebensmitteln. Verbraucher können also ihre Macht durchaus gezielt einsetzen und Veränderungen bewirken. Diese Veränderungen können in der globalisierten Welt weitreichende Folgen haben. Wenn bspw. Nestlé in Großbritannien verspricht, keine Gentechnik in seinen Produkten einzusetzen, dann kann eine internationale Organisation wie Greenpeace das gleiche in Deutschland fordern – oder in Hongkong. Weil Europäische Lebensmittelproduzenten gentechnikfreie Soja für ihre Produkte möchten, ergeben sich für Länder wie Brasilien, wo zumindest noch ganze Bundesstaaten gentechnikfreie Soja produzieren, interessante Marktaussichten, und auch Länder in Asien (und selbst in Afrika) schauen auf Europa.

Konsumentenproteste können die Politik zum Handeln zwingen. Der Macht der Konsumenten steht aber auf der anderen Seite die Lobbymacht der Konzerne gegenüber, und in vielen Fällen bleibt der Konsument auch weiterhin im Ungewissen oder ohne Wahl. Konsumentenarbeit ist deshalb ein zusätzlicher Aspekt und kann den klassischen „konfrontativen Dialog" mit Politik und Wirtschaft ergänzen, nicht aber gänzlich ersetzen.

VIII. Lösungen

Getreu dem Motto „Es geht auch anders" arbeitet Greenpeace nicht nur mit Protest und Widerstand. Wichtig, aber häufig leider weniger medientauglich ist auch die Arbeit an Lösungen.

Auf technologischem Gebiet gehören hierzu insbesondere zwei Demonstrationsobjekte, die fundamentale industrielle Umwälzungen zur Folge hatten: der weltweit erste FCKW/FKW-freie Kühlschrank „Greenfreeze" sowie die erste Zeitung der Welt auf chlorfrei gebleichtem Tiefdruckpapier in Form eines Spiegel-Plagiats.

Die Geschichte des „Greenfreeze" begann 1990 gegen den Widerstand der gesamten Branche und brachte innerhalb von drei Jahren den Durchbruch für umweltschonende Kühltechnik in Deutschland. Zu Beginn des 21. Jahrhunderts waren bereits 35 % aller in China verkauften Kühlschränke mit Greenfreeze-Technologie ausgestattet.

Mit dem SMILE-Konzept (Small, Intelligent, Light, Efficient) zeigte Greenpeace 1996, wie sich herkömmliche Serienfahrzeuge mit wenig Aufwand in Sparautos verwandeln lassen – ein Konzept, das in der Fachwelt viel Anerkennung erfährt (u.a. den Schweizer Innovationspreis zur Förderung der wirtschaftlichen Zukunftschancen 1996).

Ein neueres Beispiel aus dem Bereich der Lösungen ist der gemeinsam mit dem TÜV Essen erbrachte praktische Nachweis, dass man Dieselfilter auch nachträglich in PKW einbauen kann, Autos sich also nachrüsten lassen. Damit ließe sich das Dieselproblem mit all seinen negativen gesundheitlichen Auswirkungen erheblich schneller lösen, als dies allein durch den serienmäßigen Einbau von Dieselfiltern in Neuwagen möglich ist.

IX. Arbeit mit Ehrenamtlichen

Das Bild von Greenpeace ist geprägt durch Aktionen und schlagkräftige Kampagnen. Diese Arbeit und die politischen Erfolge von Greenpeace werden erst möglich durch den unermüdlichen Einsatz von Tausenden von Ehrenamtlichen in Deutschland und weltweit, durch ihr persönliches Engagement bei Aktionen, bei regionalen Recherchen und regionaler Lobbyarbeit, durch Informationsarbeit an Infoständen oder bei Vorträgen. Sie alle tragen zur Verbreitung unserer Botschaft wesentlich bei.

Greenpeace-Arbeit kann Umweltverbrechen und Ungerechtigkeit öffentlich anprangern. Wir können aber nur etwas bewirken, wenn wir viele Menschen dazu inspirieren, uns politisch zu unterstützen. Wir brauchen politischen Druck und wir brauchen einen Bewusstseinswandel, um im Sinne einer ökologischen Gerechtigkeit das natürliche Erbe der Menschheit zu erhalten – für alle lebenden und wie auch für die kommenden Generationen.

ARNDT HELING

Das religiöse Gefühl als Zugang zur Umweltethik

„Mein erst' Gefühl sei Preis und Dank" – so beginnt ein bekanntes Morgenlied von Christian Fürchtegott Gellert, dem Theologen und Professor für Dichtkunst, Beredsamkeit und Moral an der Universität Leipzig, der maßgeblich die deutsche Literatur der Empfindsamkeit im 18. Jahrhundert vorbereitet und geprägt hat. Im Zeitalter der Aufklärung schuf diese in der bürgerlichen Kultur das Gegengewicht zum bloßen Rationalismus; sie verband sich früh mit den Einflüssen des Pietismus, der seinerseits dem religiösen Gefühl gegenüber der als starr empfundenen lutherischen Orthodoxie am Ende des konfessionellen Zeitalters zur Geltung verhalf. Und sie mündete schließlich ein in die romantische Bewegung mit ihrer bekanntermaßen ambivalenten Wirkungsgeschichte.

Das religiöse Gefühl als einen weitgehend unterschätzten Zugang zur Umweltethik ins Spiel zu bringen, mag manchem als romantisch, d. h. unwissenschaftlich, irrational, in seiner Wirkung ambivalent und eigentlich störend vorkommen. Dies nicht nur, wenn man sich aus naturwissenschaftlicher oder sozial- und gesellschaftswissenschaftlicher Perspektive der Umweltethik nähert, sondern auch von theologischer Seite. Denn Gefühle als solche sind in der neuzeitlichen Theologiegeschichte eher selten Gegenstand theologischer Reflexion gewesen – auch wenn es diese Bemühungen in verschiedenen Facetten und Spielarten immer gab: vom Pietismus und Friedrich Schleiermacher über die Existenztheologie Kierkegaards zu Rudolf Ottos Studie über das Heilige, den theologischen Zweig der lebensphilosophischen Diskussion der 20er Jahre des letzten Jahrhunderts bis zur Auseinandersetzung um die tiefenpyschologische Exegese Eugen Drewermanns vor einigen Jahren; dennoch scheint speziell das „religiöse Gefühl" eher Skepsis und Abwehr auszulösen. Dafür gibt es natürlich gute theologische Gründe, vor allem den, die Offenbarungsqualität des christlichen Glaubens, sein Gewirktsein aus Gott und dem Wort Gottes und nicht aus dem Menschen, zu sichern.

Lässt sich jedoch Glaube ohne Gefühl überhaupt verstehen, wo doch die Bibel selbst Gott Gefühle wie Zorn und Mitleid, Liebe und Reue zuschreibt? Eine reflektierte, produktive theologische Gefühlslehre gibt es meines Wissens nicht. Da waren die Seelsorger und Psychologen der Antike und des Mittelalters anscheinend weiter. Die tendenzielle

Abspaltung, theologische Unterbewertung oder Nichtbeachtung des Gefühls, ist ein schwerwiegendes Versäumnis von Theologie und Kirche heute. Denn emotionale Verunsicherung und Suche nach emotionaler Stabilisierung sind kennzeichnend für unsere gegenwärtige gesellschaftliche Situation. Dies ist jedenfalls meine subjektive Beobachtung und eine vorauszuschickende These meines Vortrags. Wenn ich im folgenden einige Überlegungen zum Thema „Religiöses Gefühl und Umweltethik" anstelle, werde ich bemüht sein, religiöse Gefühle nicht als etwas spezifisch Christliches zu vereinnahmen, sondern sie als etwas allgemein Menschliches, zur conditio humana Zugehöriges, ins Bewusstsein zu bringen.

Zunächst geht es mir um eine kurze Klärung des Begriffs der Umwelt-kommunikation und der Verortung der Umweltethik darin, dann wende ich mich speziell den Emotionen in der Umweltkommunikation zu, wobei ich der kognitiven Emotionstheorie folge. Ich versuche sodann speziell das religiöse Gefühl in der Interaktion Mensch-Natur einzugrenzen. Schließlich möchte ich „religiöse Kompetenz" als umweltethisch relevanten Begriff in die Debatte zu einer Bildung für nachhaltige Entwicklung einführen. Zum Schluss seien noch einige Bemerkungen zur Rolle und möglichen Bedeutung der Kirchen in der Umweltkommuni-kation erlaubt.

I. Was ist Umweltkommunikation?

Wir verstehen darunter mit einer Veröffentlichung des Umweltbundesamtes „jegliche Thematisierungsform, die sich auf Umweltzustände, -entwicklungen und umweltpolitische Fragestellungen jedweder Art bezieht"[1], also auch umweltethische Fragestellungen. Seit der Rio-Konferenz der Vereinten Nationen 1992 verfügt die Umwelt-kommunikation über einen zentralen Begriff, dessen Leitbildqualitäten zwar kontrovers diskutiert werden, aber dennoch unabweisbar zu sein scheinen: Nachhaltigkeit bzw. nachhaltige Entwicklung. Nachhaltige Entwicklung ist ein stark zukunftsbezogenes, globales Konzept. Die am Leitbild nachhaltiger Entwicklung orientierte Kommunikation nimmt insbesondere Umweltprobleme in den Blick, die alltagsweltlich oft nur in

---

[1] W. Lass / F. Reusswig, Nachhaltigkeit und Umweltkommunikation. Ein Forschungs-projekt auf der Suche nach sozialwissenschaftlichen Perspektiven, in: Umweltbun-desamt (Hg.), Perspektiven für die Verankerung des Nachhaltigkeitsleitbildes in der Umweltkommunikation, Berichte 4-01, Berlin 2001, 13-36, 19.

indirektem räumlichen und zeitlichen Zusammenhang mit ihren Ursachen erfahren werden, wie z.b. den Treibhauseffekt oder den Verlust an Artenvielfalt. Was nicht unmittelbar der Erfahrung zugänglich ist und wofür direkte Verantwortlichkeiten (wie etwa beim achtlosen Wegwerfen von Abfall in freier Landschaft) nicht eindeutig zugeschrieben werden können (strukturell bedingte, an unser Wirtschaftssystem und unseren Lebensstil geknüpfte Umweltprobleme an anderem Ort), das erfordert neue Formen des Lernens und des kommunikativen und politischen Umgangs wie auch der ethischen Besinnung. Denken wir an das zentrale Problem der Gerechtigkeit im intergenerativen Zusammenhang: Jeder von uns hat im Horizont der Erschöpfbarkeit der Ressourcen und im Sinne der Nachhaltigkeit stets zu entscheiden: „Wer kann wann wie viel Natur auf welche Weise nutzen?"

Die Studie des Umweltbundesamtes empfiehlt, drei Dimensionen oder Ebenen der Umweltkommunikation zu unterscheiden.[2] Erstens die Analyse; dabei geht es um Wissenstransfer, um Informationsvermittlung über aktuelle Zustände der Mensch-Natur-Interaktion. Zweitens geht es um Werte und Ziele. Es sind gesellschaftliche Konsense über Wertvorstellungen zu erreichen, um normative Fragestellungen zu lösen. Auf der Ebene der Transformation schließlich geht es drittens um operativ-strategische Fragen: „Was müssen wir tun, um uns in Richtung des Nachhaltigkeitsziels zu bewegen? Inwiefern werden dadurch andere Ziele berührt, welche Kosten und Nutzen bringt der Wandel mit sich?"[3] Es geht um gesellschaftliche und individuelle Veränderungsprozesse.

Selbstverständlich ist keine dieser drei Dimensionen eine ethikfreie Zone. Schon die Analyse von Umweltproblemen und die Art und Weise des Wissenstransfers sind abhängig vom Ethos derjenigen, die dafür verantwortlich sind; normative Fragestellungen, Wertentscheidungen und Güterabwägungen sind das eigentliche Metier der Ethik und individuelle Veränderungsprozesse haben es immer auch mit Moral, d.h. der persönlichen Aneignung oder Ablehung ethischer Vorstellungen zu tun. Und selbstverständlich kann man auch in allen drei Dimensionen emotional- religiöse Grundierungen festmachen: Betrachte ich den Gegenstand der Analyse, die Natur, als Schöpfung, die mir Staunen und Demut abverlangt oder eliminiere ich von vornherein jeden emotionalen Bezug zum Gegenstand der Erkenntnis – in der Tat hat beides eine religiöse Komponente, z.B. in der Affirmation oder in der Negation der

---

[2] Vgl. a.a.O., 21.
[3] Ebd.

Vorstellung eines Schöpfers oder auch in der sublimen Erfahrung des Erhabenen in der Natur, das sich aus der Anschauung des Schönen ergibt, wie Kant es in seiner Kritik der Urteilskraft beschreibt; einer Erfahrung, die die Sinnenwelt transzendiert und zum subjektiven Erlebnis des Allgemeinen, Ganzen oder auch Göttlichen führt. Normative Begründungen rühren unweigerlich, auch wenn sie innerhalb der Grenzen der reinen Vernunft gefällt werden, an die Frage der Letztbegründung und damit an das Absolute; moralische Fragen werfen die Schuldfrage auf, die zweifellos auch eine religiöse Dimension in sich schließt. Omnipräsent also sind Ethik und Religion in der Umweltkommunikation. Lassen Sie uns einige Emotionen etwas genauer betrachten.

II. Emotionen in der Umweltkommunikation

Während sich die Nachhaltigkeitsdebatte vorwiegend an kognitiven Analysen und Urteilen unter dem Kriterium der intergenerativen Gerechtigkeit orientiert, wird der individuelle schöpfungsfreundliche Umgang mit der natürlichen Umwelt zu einem erheblichen Anteil durch Emotionen gesteuert – so der allgemeine Befund der Umweltpsychologie und –pädagogik. Empörung, Zorn, Mitleid, Trauer, Ehrfurcht, Liebe, Freude – es gibt viele emotionale Zugänge zur Umweltthematik.

Menschliche Emotionen werde, je nach Erkenntnisinteresse, unterschiedlich definiert: phänomenologisch, etymologisch, genealogisch, hinsichtlich ihrer verschiedenen sozialen und physiologischen Funktionen, ihrer Messbarkeit und Steuerbarkeit. In der wissenschaftlichen Literatur haben sich solche Definitionen weitgehend durchgesetzt, die Emotionen als „ein komplexes Interaktionsgefüge subjektiver und objektiver Faktoren" verstehen, das durch neuronale und hormonale Systeme vermittelt wird.[4]

Ich gehe im Folgenden davon aus, dass Gefühle/Emotionen in einem komplementären Verhältnis zu Kognitionen, aber auch motivationalen bzw. handlungsorientierten Komponenten, wie etwa dem Wünschen, stehen. Zu den „kognitiven Elementen" gehört z.B. das Erleben von Emotionen, die auf Grund bereits vorhandenen Wissens entstehen und sich aus der wahrgenommenen Diskrepanz zwischen dem, was ist, und

---

[4] Zur langen und lebhaften Debatte über die Beziehung von kognitiven Prozessen und Emotionen vgl. M.W. Battacchi / Th .Suslow / M. Renna, Emotion und Sprache. Zur Definition der Emotion und ihren Beziehungen zu kogitiven Prozessen, dem Gedächtnis und der Sprache, Frankfurt a.M. 1996, 31-42.

dem, was sein soll, ergeben. Der normative Konflikt wird auch als moralbezogene Emotion in einem bestehenden Wertesystem wahrgenommen: als Empörung oder Schuldgefühl über fremdes oder eigenes Umweltverhalten, als Stolz oder Zufriedenheit über eigenes umweltgerechtes Verhalten oder als Ärger über zu viel oder zu wenig Umweltschutz etc. Moralische Urteilsbildung setzt demnach (postkognitive) Emotionen frei.

Eine kognitive Emotionstheorie richtet ihr Erkenntnisinteresse also auf die Entstehung von Emotionen als Folge kognitiver Analysen und Prozesse. Sie setzt damit voraus, dass Emotionen durch Erkenntnisse oder begründete Annahmen über die Realität (dazu gehören Situationen, Personen oder Ereignisse) sowie über die Bezüge des erlebenden Subjekts zu dieser Realität gekennzeichnet sind. Daraus folgert sie, dass das Emotionssubjekt „Verantwortung [...] für seine Emotionen und die daraus resultierenden Handlungen"[5] trägt.

Einwände, dass Emotionen stets vorkognitiv seien, ignorieren subtilere Formen emotionalen Erlebens, wie etwa den quälenden Gewissens-konflikt, der ohne vorgängige Kognitionen (etwa über „gut und böse" oder „gut und schlecht") nicht erklärbar ist. Der Grundannahme der Verantwortlichkeit des Subjekts für seine emotionale Welt entspricht somit auch eine umfassenden Konzeption von Humanität. Der Mensch in seiner emotionalen Komplexität kann so nicht als bloß erleidendes Subjekt biochemischer, phylogenetischer, soziologischer oder beliebiger anderer Rahmenbedingungen definiert werden. Emotionen sind nicht nur jähe Widerfahrnisse, sondern bis zu einem gewissen Grade auch wähl- und steuerbare Zugänge zur Realität.

Lange Zeit herrschte in der Umweltkommunikation ein Emotions-repertoire vor, das mit apokalyptischen Szenarien auf Furcht und Schrecken, Erschütterung, Schmerz und Trauer abzielte, um die drama-tischen Konsequenzen der Umweltzerstörung vor Augen zu führen und im Stile alttestamentlicher Prophetie (Das Ende ist nah!) zur Umkehr aufzufordern. Persönlich meine ich, dass es weiß Gott genügend Anhalt für drastische Analysen gibt; aber es scheint sich herausgestellt zu haben, dass die Heuristik der Furcht (Hans Jonas) auf viele Menschen eher handlungslähmend wirkt. Die Kluft zwischen einem häufig gut entwickelten Umweltbewusstsein und nicht-adäquatem Umweltverhalten ist anscheinend vor allem ein emotionales Problem. Man knüpft deswegen inzwischen zunehmend bei positiven Emotionen an, die einen

---

[5] E. Kals, Emotionen in der Umweltbildung, Hagen 2002, 33.

Lustgewinn versprechen, wie der Stolz über das eigene umweltgerechte Verhalten. Es schafft emotionale Befriedigung, im Horizont der Zerstörung und Ausbeutung der Natur ein Stückchen gelingender Interaktion mit den natürlichen Lebensgrundlagen zu praktizieren. Freilich knüpft sich daran leicht ein gewisses Wunschdenken an, das den Blick in den Abgrund peinlichst meidet.

Alternativen sind die apokalyptische und solch eher eudaimonistische Heuristik allerdings nicht. Sie bedingen einander. Welche Rolle spielen nun religiöse Gefühle zwischen solchen Visionen von Endzeit und Verheißung?

III. Das religiöse Gefühl in der Mensch-Natur-Interaktion

Friedrich Schleiermacher hat in seinen berühmten „Reden über die Religion" 1799 seinen Ausgangspunkt beim religiösen Gefühl als dem „Sinn und Geschmack für das Unendliche" genommen. Er beschreibt dieses Gefühl „schlechthinniger Abhängigkeit" näher als die „reichste und herrlichste Entfaltung des menschlichen Lebens in der Begegnung mit dem unergründlichen Reichtum des Universums, der Natur und der Menschheit, als eine andächtige Berauschung durch die Unendlichkeit, eine Aufgeschlossenheit des Geistes für die Größe und Harmonie des Daseins, für den göttlichen Pulsschlag der Natur und der Geschichte".[6]

Die komplementär dazu gehörige Kognition bündelt Schleiermacher in § 40 „Von der Schöpfung" seiner Dogmatik „Der christliche Glaube nach den Grundsätzen der evangelischen Kirche im Zusammenhange dargestellt". Seine Absicht war es, die Glaubenslehre konsequent aus dem religiösen Gefühl heraus zu entwickeln.[7] Schleiermacher bezeichnet dies als „frommes Selbstbewusstsein", womit nichts anderes als eine kognitive Emotion beschrieben wird: „Dem hier zum Grunde liegenden frommen Selbstbewusstsein widerspricht jede Vorstellung von dem Entstehen der Welt, durch welche irgend etwas von dem Entstandensein durch Gott ausgeschlossen, oder Gott selbst unter die erst in der Welt

---

[6] Zusammenfassung bei N.H. Soe: Religionsphilosophie, München 1967, 111.

[7] Friedrich Schleiermacher: Der christliche Glaube nach den Grundsätzen der evangelischen Kirche im Zusammenhange dargestellt, Bd. 1, neu herausgegeben von M. Redeker, Berlin 1960, S. XVIII; Schleiermacher hat diese Absicht explizit bereits 1806 in der Jenaer Literaturzeitung Nr. 101 vertreten, so M. Redeker in seinem Vorwort.

und durch die Welt entstandenen Bestimmungen und Gegensätze gestellt wird."[8] Dieses Beispiel aus der Theologiegeschichte illustriert, wie Gefühl und Deutung, Emotion und Reflexion in verantwortlicher theologischer Weise korrespondieren können. Die Geistesgeschichte gibt viele Beispiele solch kognitiver Emotionen oder auch emotionaler Kognitionen in der Mensch-Natur-Interaktion. Im Endeffekt handelt es sich stets um eine affektive, emotionale Beziehungsaufnahme zur nichtmenschlichen Außenwelt. Die mystische Tradition genauso wie alltägliche vor- oder quasimystische Naturerfahrungen bestätigen dies. „Je mehr wir die Natur zerstören, desto mehr sehnen wir uns nach ihr", schrieb Dorothee Sölle, weil die intuitive Ahnung, dass „ein Kosmos außerhalb unserer selbst" uns vorgegeben sei, „uns fremd macht in der produzierten und verwalteten Welt und heimisch in der anderen der Schöpfung." „Wasser, Luft, Wärme und Erde sind den lebendigen Erdbewohnern gemeinsam. Eine Verwandtschaft mit allen Lebewesen zu spüren, gehört in die Mystik eines tat tvam asi, er ist wie du, einer anderen Beziehung zur Natur. Auf eine einfache Erfahrung gebracht, ist die Natur kein Es, kein zu benutzendes Material, das in der patriarchal gedachten Hierarchie ganz unten steht, sondern ein lebendiges Du."[9]

Die Beziehungsaufnahme zur nichtmenschlichen Natur durch „Beseelung" ist psychologisch sicherlich ein anderer Prozess als die mystische Erfahrung. Beseelung meint die anthropomorphe Haltung gegenüber den Dingen der Welt, die ihnen eine eigene psychodynamische Qualität zulegt. Alles, was geschieht, wird gedacht als bewusste und intendierte Aktivität. Psychoanalytisch betrachtet, handelt es sich um eine Projektion, religionswissenschaftlich wird dieses Phänomen bekanntlich als Animismus bezeichnet, das in der Entwicklungspsychologie beim Menschen insbesondere von Jean Piaget untersucht worden ist. Strukturell handelt es sich bei mystischem wie auch animistischem Gefühlserleben um Anthropomorphismen. Wichtig ist, dass sich in anthropomorphen Weltdeutungen „nicht nur eine kognitive Interpretation der Welt (ein ‚Naturverständnis', A.H.), sondern zugleich auch eine affektive Beziehung zu ihr" offenbart, und es stellt sich die Frage, ob wir zu den Dingen der Welt ohne solche „Subjekti-

---

[8] Friedrich Schleiermacher: Der christliche Glaube nach den Grundsätzen der evangeli-schen Kirche im Zusammenhange dargstellt, Bd. 1, neu herausgegeben von M. Redeker, Berlin 1960, 195.

[9] D. Sölle, Den Rhythmus des Lebens spüren, Freiburg 2001, 133.

vierungen", d.h. potentiell anthropomorphe Haltungen, überhaupt in Beziehung treten können, „da Menschen den Dingen der Welt immer eine Bedeutung geben müssen."[10] Diese Art Anthropozentrismus, die ja auch beiden biblischen Schöpfungsberichten zugrunde liegt, muss keineswegs notwendig in die egozentrische Ausbeutung der Natur münden. „Im Gegenteil: Wenn die äußere Natur (symbolisch) zum Spiegel des Menschen wird, ist dies eher ein Grund, sie zu bewahren."[11] In der beherrschenden Allgegenwart der von uns Menschen „produzierten und verwalteten Welt" können wir uns weder spiegeln noch das Andere als uns selbst erspüren, ja, verlieren wir vielleicht diese Fähigkeit mehr und mehr, wie es bereits in spätromantischer Weise Jeremias Gotthelf 1838 ausdrückte: „Es gab eine Zeit (Anm. d. Verf.: den Rationalismus), wo man ob den Werken Gottes Gott vergaß, wo die dem menschlichen Verstande sich erschließende Herrlichkeit der Natur die Majestät des Schöpfers verdunkelte... Noch weilt bei vielen der Glaube, das Anschauen der Natur führe von Gott ab, Gott rede nur in einem geschriebenen Worte zu uns. Für seine Stimme, die tagtäglich durch die Welten zu uns spricht, haben diese keine Ohren; dass Gott im Sichtbaren darstelle das Unsichtbare, dass die ganze Natur uns eine Gleichnisrede sei, die der Christ zu deuten habe, täte jedem not zu erkennen."[12]

Das Zitat weist auf den oben geschilderten religionskritischen, offenbarungstheologischen Vorbehalt hin, der grundsätzlich eine skeptische, wenn nicht abwertende Haltung zum menschlichen Gefühl als theologischer Erkenntnisquelle einnimmt. Nicht nur theologisch, auch kulturell sind emotionale, anthropomorphe Beziehungen zur Natur unerwünscht, und zwar vor allem dann, wenn die wirtschaftliche Ausbeutung von Natur im Vordergrund steht. Im Verhältnis zur Natur gibt es eine ungute Allianz zwischen dem Gestus theologischer Aufklärung, der die Natur „Ad gloriam Dei!" zur bloßen Sache menschlicher Verfügungsgewalt degradiert und ökonomischem Interesse. Die Verdinglichung der Natur wird schon in den ersten Semestern dem Theologiestudenten als große Aufklärungsleistung der hebräischen Weltsicht nahegebracht, die in monotheistischer Abgrenzung zu den

---

[10] U. Gebhard, Die psychische Bedeutung von Naturbeziehungen bei Kindern, ÜBERland 2/1998, 9-17, 10 bzw. 12f.

[11] A.a.O., 12.

[12] J. Gotthelf, Die Wassersnot im Emmental (1838), in: Gotthelf, Sämtliche Werke in 24 Bänden , hg. v. R. Hunziker u. H. Bloesch, Erlenbach-Zürich 1925, 15. Bd., 7.

Kulten der umliegenden Völker jegliche Tendenz zur „Resakralisierung der Natur" als potentielles Götzentum und theologisches Schreckbild entwirft.

Dennoch gibt es nicht zu Unrecht verbreitet eine vage Erwartungshaltung, dass die Institutionen der Religion ein Widerstandspotenzial gegen die bloße Vernutzung „natürlicher Ressourcen", zu denen etwa auch unsere Haustiere und die jagdbaren wildlebenden Tiere gehören, bereit halten, dass sie eine Ahnung vom Eigenwert und der Eigenwürde, der Heiligkeit, dem Numinosen in der Schöpfung haben und sich dafür zuständig fühlen.

Mit anderen Worten, es sind Fragen der Letztbegründung ethischen Verhaltens, die eine rein rationale Argumentation transzendieren und schließlich in einer Art kategorischen Imperativ des Nicht-Schädigens der „Schöpfung" münden: „Wer, wenn nicht die Kirche", soll eintreten für die vielzitierte „Ehrfurcht vor dem Leben"? Es äußern sich in diesen Fragen, die mir in vielen Jahren der Begleitung kirchlicher Umweltarbeit häufig begegnet sind, diffuse religiöse Bedürfnisse nach einer Rückbindung (religio) des vielfach aufzehrenden Kampfes gegen Vernichtung, Schindung und Schändung dessen, was emotional als unverfügbar, respektheischend, ehrfurchtsgebietend erfasst wird.

Hinzu kommt die bereits erwähnte Diskrepanz zwischen Einsicht und Handeln, unter der schon Paulus gelitten hat: „Ich sehe aber ein anderes Gesetz in meinen Gliedern, das widerstreitet dem Gesetz in meinem Gemüt und hält mich gefangen im Gesetz der Sünde, das in meinen Gliedern ist" (Röm 7, 23). Die offenkundige Diskrepanz zwischen „Umweltbewusstsein" und „Umweltverhalten" bei der weit überwiegenden Mehrheit der Menschen heute ist auch ein vieltraktiertes Thema der Umweltpsychologie und Umweltpädagogik. Man darf, ja man muss m.E. davon ausgehen, dass es bei immer mehr Menschen unterschwellig ein wachsendes Schuldgefühl angesichts der wirtschafts- und lebensstilbedingten irreversiblen Zerstörungen in der Natur auf Kosten unserer Kinder und Kindeskinder gibt. Wo bleibt eigentlich dieses Schuldgefühl, wie äußert sich seine Verdrängung, wie ist damit umzugehen?

Ehrfurcht und Schuld sind nur zwei religiös aufgeladene Gefühlsdimensionen, Dankbarkeit und Vertrauen sind weitere, Demut und letztlich die Liebe zur Natur, zu den Tieren, zur Schöpfung insgesamt, sind noch weitere. Es gibt eine Fülle religiöser Konnotationen zur Umweltthematik. Betrachten wir kurz das Gefühl der Dankbarkeit: Es entsteht aus der Einsicht (Kognition) des Beschenktseins, sei es im materiellen, sei es im ideellen Sinne. Dankbarkeit ist nicht einzufordern und nicht zu erzwingen. Sie ist ein Produkt der Freiheit und gelingender Kommunikation. Sie setzt die Fähigkeit des Empfangens und Annehmens voraus.

In der Umweltkommunikation könnte die Thematisierung der Dankbarkeit dazu beitragen, eine Haltung des Empfangens als Grundhaltung gegenüber den elementaren, lebenswichtigen Gütern der Natur zu entwickeln. Das Gefühl des Beschenktseins, im Gegensatz zur verbreiteten Mentalität der Schnäppchenjagd und Slogans wie „Geiz ist geil", das Gefühl des Empfangens also, kann dazu beitragen, eine Kultur des respektvollen und maßvollen Gebrauchs der Güter der Natur zu entwickeln. Wir haben Verantwortung für unsere Emotionen und die Gefühlskultur, in der wir leben oder mit der wir uns umgeben. Eine solche Kultur hätte eine enge Verbindung zu Empathie-Emotionen und könnte ein Ethos des Bewahrens und Pflegens hervorbringen, die dem leistungs- und ertragsfixierten Streben der instrumentellen Vernunft etwas entgegensetzt. Dankbarkeit wird von manchen emotionspsychologischen Forschern sprachanalytisch zur Gruppe der sogenannten Zielemotionen gezählt, d.h., dass sie eine an jemanden oder etwas gerichtete Emotion ist. Bezogen auf die Güter der Natur, durch die wir uns beschenkt fühlen dürfen, ergibt sich daraus die Frage nach dem Adressaten des Dankbarkeitsgefühls. Hierauf gibt es keine für alle Menschen gleichermaßen akzeptable Antwort. Dennoch gibt es in bezug auf die natürliche Umwelt dieses Gefühl der Dankbarkeit, das diese offene Frage aufwirft. Letztlich ist dies eine religiöse Frage.

Der amerikanische Religionssoziologe Peter L. Berger hat in seinem Buch „Auf den Spuren der Engel. Die moderne Gesellschaft und die Wiederentdeckung der Transzendenz" aus dem Jahr 1968 solche Gefühle als Chiffren der Transzendenz bezeichnet. Darunter versteht er ganz normale „Phänomene der ‚natürlichen' Wirklichkeit, die über diese hinauszuweisen scheinen".[13] Also keine übernatürliche Welt im metaphysischen Sinne, sondern Grundzüge menschlichen Verhaltens, Wahrnehmens und Erlebens, denen ein Verweisungscharakter über die konkrete Situation hinaus inhärent ist. Der menschliche Hang zur Ordnung etwa verweist auf die Vorstellung einer universalen Ordnung und damit einen universalen Sinn des Geordneten. Die Mutter schließt das schreiende Kind ihre Arme, und das erste, was sie ihm sagt, ist: „Es

---

[13] Peter L. Berger, Aufden Spuren der Engel. Die moderne Gesellschaft und die Wiederentdeckung der Transzendenz, Frankfurt/M., 1981, 64.

ist alles in Ordnung, es ist alles gut." Am Anfang schuf Gott Ordnung im Chaos, und so machte er alles sehr gut. Berger spricht von Erlösungsgebärden, die eine humanisierende Kraft entfalten. Humor, aber auch das Erschrecken über monströse Taten, die die Vorstellung von ewiger Verdammnis provozieren, starke, zielgerichtete Emotionen wie die Dankbarkeit, erschließen eine religiöse Grundierung des Alltags. Dies kann dazu befreien, die Zeit, in der man lebt, aus einer Perspektive zu sehen, die den Tag und die Stunde transzendiert und ihnen die richtige Größenordnung zumisst. Ich komme damit zum Begriff der religiösen Kompetenz innerhalb der Konzeption einer Bildung für nachhaltige Entwicklung.

IV. Keine Gestaltungskompetenz ohne religiöse Kompetenz!

In der jüngsten Diskussion über die Weiterentwicklung der Umweltbildung zu einer „Bildung für nachhaltige Entwicklung" wird diese als „komplexer gesellschaftlicher Gestaltungsauftrag, in dem sich globale und lokale Dimensionen der Zukunftsgestaltung verbinden" gefasst. Daraus leitet sich als Ziel dieses Bildungskonzepts der Schlüsselbegriff der „Gestaltungskompetenz" ab. Gestaltungskompetenz wird letztlich als Bündel von kognitiven, sozialen und emotionalen Kompetenzen verstanden. Leitziel dieses Bildunsgbegriffs ist „das nach vorne weisende Vermögen, die Zukunft von Sozietäten, in denen man lebt, in aktiver Teilhabe im Sinne nachhaltiger Entwicklung modifizieren und modellieren zu können."[14]
Es lässt sich fragen, ob es Gestaltungskompetenz ohne religiöse Kompetenz überhaupt geben kann. Religiöse Kompetenz aber wäre das Vermögen, die eigenen religiösen Gefühle nicht nur nicht zu negieren, sondern zu identifizieren und zu reflektieren, d.h. sie auf interagierende Kognitionen zu beziehen. Am Beispiel der Naturliebe wäre beispielsweise zu kommunizieren, „was an der Natur dem Gefühlssubjekt was bedeutet, wie die Person-Welt-Bezüge sind: ästhetischer Genuss, Freude an interessanten Beobachtungen, Geborgenheit, Hoffnung auf Gesundheit, Distanzierung von der Zivilisation, Aufgehobenheit oder anderes. Wenn Naturliebe die Form ‚Achtung vor der göttlichen Schöpfung' oder ‚Verantwortung für deren Bewahrung' annimmt, dann ist

---

[14] Umweltbundesamt, Perspektiven, 2001, insbesondere die Beiträge von G. de Haan / D. Harenberg, Gestaltungskompetenz für nachhaltige Entwicklung, 342-352, 343; vgl. auch B. Weber, Handlungsorientierte Umweltbildung, 324-241.

sie bereits komplexer und schließt Überzeugungen bezüglich Entstehung oder Pflichten, eigenen Fähigkeiten und Möglichkeiten zur Zerstörung oder Bewahrung ein."[15] Es geht um nichts anderes als um Offenheit der Wahrnehmung und, um ein modernes Schlagwort zu übernehmen, um „emotionale Intelligenz".

Wenn es stimmt, dass wir Verantwortung für unsere Gefühle tragen, dann schließt dies natürlich auch die religiösen Gefühle ein. Religiöse Gefühle sind kein Gottesbeweis und sollen auch nicht in diesem Sinne instrumentalisiert werden. Aber ob wir sie als frei „vagierende Religiosität" (Th. Nipperdey) verwildern, letztlich verkümmern lassen oder uns bemühen, sie zu deuten, zu verstehen und einzubringen in die umfassende Suche nach einem nicht nur schonsamen, sondern auch gerechten Umgang mit der Schöpfung im globalen und intergenerativen Horizont – an dieser Stelle entscheidet sich m. E. die tiefere Legitimation kirchlicher Umweltkommunikation. Hierzu nun einige abschließende Gedanken.

V. Abschließende Reflexion zur Rolle und Bedeutung der Kirchen

Die meisten Gliedkirchen der EKD, die es sich leisten können, verfügen heute (noch!) über einen hauptamtlichen Umweltbeauftragten oder eine hauptamtliche Umweltbeauftragte. Sie stehen für einen kirchlichen Arbeitszweig, der vor rund dreißig Jahren begann. Die „Bewahrung der Schöpfung" – als Floskel kirchliches Allgemeingut – hat bislang allerdings in den wenigsten Kirchen einen „nachhaltigen" Niederschlag in den Rechtsquellen, Verordnungen, Leitbildern der verschiedenen Lebens- und Arbeitsbereiche der Kirche gefunden. Dreißig Jahre kirchliche Umweltarbeit sind bis heute auch dreißig Jahre Legitimations- krise dieses Engagements als einer Funktion von Kirche. Unabhängig von der persönlichen Motivation und Kompetenz der Beauftragten kann man den Eindruck gewinnen, sie seien eher ein Teil der Öffentlichkeitsarbeit, des politisch korrekten Gesamtauftritts der Kirchen, als Ausdruck eines schöpfungstheologischen und sozialethischen Konsenses. Die Beauftragten für Umweltfragen stehen damit in bedenklicher Abhängigkeit von der gesellschaftspolitischen Konjunktur des Umweltthemas.

---

[15] L. Montada, Psychologie der Gefühle und Umweltpsychologie, in: E. Kals / N. Platz / R. Wimmer (Hgg.), Emotionen in der Umweltdiskussion, Wiesbaden 2000, 19-38, 27.

Ursächlich dafür ist u.a. ein hartnäckiges Kommunikationsproblem. Während innerkirchliche Skeptiker beharrlich fragen, warum denn ausgerechnet die Kirche – ohne hinreichendes fachliches Know-how – die Aufgabe von Naturschutzverbänden und Umweltämtern übernehmen solle, wird umgekehrt von Umweltengagierten außerhalb der Kirche eine stärkere Beteiligung der Kirchen geradezu eingefordert: „Wer, wenn nicht die Kirchen, soll denn hierzu etwas sagen?"

Oft wird auf unterschiedlichen Ebenen argumentiert; einen klaren Begriff einer kirchlich angemessenen Umweltkommunikation, die strategisch und theologisch im kirchenleitenden Interesse wäre, gibt es nur in Ansätzen.

Nun kann es sicherlich nicht darum gehen, religiöse Emotionen aufzuspüren, diese dem Interpretationsmonopol der Kirche zu unterwerfen, um so möglicherweise „die eigene Unentbehrlichkeit unter Beweis stellen zu wollen – gar noch in der Weise beurteilender und verurteilender Stellungnahmen zu ‚zentralen Fragen des Lebens'"[16]. Dieser Strategie galt bereits Dietrich Bonhoeffers Polemik, der sich bekanntlich zuletzt für eine konsequent „nicht-religiöse Interpretation biblischer Begriffe" ausgesprochen hat. In der Tat: sofern es sich nun bei der religiösen Interpretation der Umweltkommunikation nur um den Versuch handelte, eine Überbaufunktion der Kirche zu errichten, um diese als „Organisation zur Befriedigung religiöser Bedürfnisse" in apologetischer Absicht zu positionieren, wäre dies sicherlich in der Sache verfehlt und theologisch fragwürdig.

Begreift man es jedoch als die spezifische Möglichkeit der Kirche, den fachlichen Diskurs umweltwissenschaftlicher und -politischer Disziplinen und Diskurse aufzubrechen, indem sie den Verursacher der Umweltkrise selbst, den Menschen in seiner emotionalen, auch religiösen Befindlichkeit daseinsanalytisch ins Spiel bringt, dann könnte dies in paradoxer Anlehnung an Bultmanns existentiale Interpretation zu einer „Entmythologisierung" der instrumentellen Vernunft führen, die dazu anleitet – etwa im Sinne Gotthelfs – die „ganze Natur als Gleichnisrede Gottes an uns" zu verstehen.

Die „religiöse Dimension" dient also nicht etwa dazu, Gott erneut als Lückenbüßer, oder Erklärungshypothese einzuführen, sondern sie dient als hermeneutischer Zugang, das „In-der-Welt-Sein" des Menschen anders zu verstehen, vor allem aber: anders und neu zu erleben! Die

---

[16] So K.-M. Kodalles Analyse von Bonhoeffers Religionskritik, in: ders., Dietrich Bonhoeffer. Zur Kritik seiner Theologie, Gütersloh 1991, 143.

Aufgabe der Kirchen bestünde darin, in diesem Prozess zu einer „Koalition der Gewissen", oder, wie es die Deutsche Bischofskonferenz programmatisch ausgedrückt hat, zu einer „Zusammenarbeit mit allen Menschen guten Willens" aufzurufen:

„Trotz des teilweise spannungsreichen Verhältnisses zwischen Umweltbewegung und Kirche gibt es ein intensives und enges Verhältnis zwischen Religion und Ökologie. Die vielschichtigen Auseinandersetzungen... haben dazu geführt, dass die ökologisch engagierten Kräfte inzwischen in den Kirchen einen wichtigen Partner sehen. Die Vielfalt und Unterschiedlichkeit der Akteure, die sich neben politischen und ethischen auch ganz bewusst auf religiös-spirituelle Motive stützen, ist für die Kirche Herausforderung und Chance für einen innerkirchlichen sowie gesamtgesellschaftlichen Dialog."[17]

---

[17] Deutsche Bischofskonferenz, Handeln für die Zukunft der Schöpfung, 1998, 75 bzw. 152.

HARTMUT ROSENAU

Nachhaltigkeit leben – sapientiale Interpretation einer umweltethischen Leitkategorie[1]

Angesichts der weltweiten ökologischen Katastrophen werden auch und gerade Christinnen und Christen gefragt, ob sie nicht durch ihr anthropozentrisches Verständnis der Welt als Schöpfung und eine rigide Auslegung des sog. Herrschaftsauftrags (dominium terrae nach Gen 1,26ff.) erheblich zu diesen negativen Entwicklungen beigetragen haben.[2] Vor diesem Hintergrund fragen ökologisch engagierte Gruppen in Theologie und Kirche nun danach, welche Möglichkeiten gerade die christliche Tradition bereitstellen kann, um einen Beitrag zur Überwindung dieser Krisen zu leisten. Zumeist wird hier die biblische Sicht von Mensch und Schöpfung insbesondere im Blick auf die beiden Schöpfungsberichte in Gen 1 und Gen 2 diskutiert, auf ihre anthropozentrische Perspektive und das angemessene Verständnis des Herrschaftsauftrags hin befragt und in den Mittelpunkt einer ökologischen Theologie gerückt. Freilich ist die Reichweite solcher theologisch-ethischer Überlegungen meist doch auf den innerkirchlichen Raum begrenzt und erreicht kaum die Menschen „extra muros ecclesiae".

Ich möchte daher im Folgenden ergänzend auf eine weitere biblische Tradition, nämlich auf die sog. Weisheitstheologie aufmerksam machen und diese auf ihren möglichen Beitrag zu einer theologischen Umweltethik hin prüfen, indem ich von der Problematik der Bestimmung einer derzeitigen umweltethischen Leitkategorie ausgehe, die nicht nur im theologischen Kontext ein zunehmendes Gewicht erhält. Es handelt sich dabei um die Kategorie der Nachhaltigkeit. In zehn Thesen möchte ich diese Problematik entfalten und mit Rückgriff auf die biblische

---

[1] Die Grundfassung dieses Vortragstextes ist erschienen in: Arnd Heling (Hg.), Aufbruch zu einer neuen Wasserethik und Wasserpolitik in Europa, Schenefeld 2004, 28-35.

[2] Zur Berechtigung und Kritik dieser Vorwürfe vgl. Hartmut Rosenau, Das ‚Seufzen' der Kreatur. Das Problem der Anthropozentrik in einer Theologie der Natur, in: NZSTh 35/1993, 57-70.

„Weisheit" erläutern, um im umweltethischen Diskurs ein möglichst allgemein kommunizierfähiges theologisches Konzept vorzustellen.

1. „Nachhaltigkeit" ist eine abstrakt konsensfähige, aber konkret umstrittene umweltethische Leitkategorie.

Umstritten ist aber nicht nur die konkrete Anwendung, sondern auch der Begriff selbst, der ursprünglich aus der spätmittelalterlichen Forstwirtschaft stammt und seit der Weltkonferenz für Umwelt in Rio de Janeiro 1992 (Agenda 21) eine führende Rolle in der Ethik (vor allem in der Wirtschafts- und Umweltethik) übernommen hat. Eine Schwierigkeit liegt schon darin, die auf der Umweltkonferenz ausgegebene englische Formulierung „sustainable development" angemessen ins Deutsche zu übersetzen: Ist damit „dauerhaft umweltgerecht" gemeint? Hier monieren Kritiker, dass dann diese Formulierung zu eng auf Ökologie bezogen werde und der ökonomisch-politische Kontext aus dem Blick gerate. Oder sollte besser mit „zukunftsfähig" übersetzt werden? Andere Kritiker meinen, nun sei der Begriff zu weit gefasst, so dass ideologischer Missbrauch möglich und das Kritikpotential gegenüber westlichen Wirtschafts- und Gesellschaftsformen eingeschränkt wäre. Oder ist die schlichte und neutrale Übersetzung „Nachhaltigkeit" die beste?[3]

Der an sich neutrale Begriff der Nachhaltigkeit erhält aber erst dann eine normativ-kritische Leitfunktion in der Ethik, wenn er anderen derzeit gängigen ethischen Prinzipien bei- und zugeordnet wird, wie z.B. Gerechtigkeit, Frieden, Würde des Menschen etc. Vor diesem „vernetzten" Hintergrund hat sich die Definition von „Nachhaltigkeit" durch den sog. Brundtland-Bericht der Weltkommission für Umwelt und Entwicklung (1987) weitgehend Anerkennung verschafft: Nachhaltigkeit meint „...eine Entwicklung, die die Bedürfnisse der Gegenwart befriedigt, ohne zu riskieren, dass künftige Generationen ihre eigenen Bedürfnisse nicht befriedigen können".[4]

Dennoch meldet sich auch hier die Kritik: diese Definition sei zu anthropozentrisch (statt ökologisch), und zudem nicht operationalisierbar im Blick auf zukünftige Subjekte und ihre unterstellten Interessen und vermeintlichen (Grund-) Bedürfnisse bezogen. Darüber hinaus werde hier ein unproblematisierter Entwicklungs-Begriff im Sinne eines

---

[3] Zur Begriffsgeschichte und ihrer Problematik vgl. Hans Diefenbacher, Gerechtigkeit und Nachhaltigkeit. Zum Verhältnis von Ethik und Ökonomie, Darmstadt 2001, 19-38; 58-72.

[4] Zit. n. Stefan Bayer, Art. „Nachhaltigkeit", in: RGG VI, 4. Aufl. Tübingen 2003, 11.

anachronistischen Fortschrittsoptimismus des 19. Jahrhunderts unterstellt, der heutzutage selbst schon äußerst fraglich sei. Aber diese an sich bedenkenswerte Kritik an der Definition von „Nachhaltigkeit" möchte ich relativieren. Denn sie ist auch aus theologischer Sicht aufgrund des biblisch-christlichen Menschenbildes[5], des Geschichts-verständnisses einschließlich der Eschatologie[6], aber auch aufgrund des christlichen Verständnisses von Kirche als „communio", die auch die vergangenen und zukünftigen Generationen umfasst, vertretbar. Diese These soll im folgenden noch genauer erläutert werden.

Aber unbeschadet dieser kritischen Einwände ist der Begriff „Nachhaltigkeit" so – bis auf weiteres – im ethischen Diskurs mehr oder weniger konsensfähig. Richtig gestritten wird allerdings dann, wenn es um die konkrete wirtschafts-, sozial- und umweltpolitische Umsetzung dieser Leitkategorie in die Praxis geht, z.B. in bezug auf den Klimaschutz. Dazu kann ich leider im Rahmen dieses Vortrags keinen (konkreten) Vorschlag machen. Aber ich sehe ein, dass wir Grenzen des Wachstums, der Ökonomisierung von Lebensverhältnissen, des Konsums etc. brauchen und damit auch das heute vorherrschende Leitbild vom homo oeconomicus korrigieren oder gar aufgeben müssen – ohne genau festlegen zu können, wo die Grenzen zu ziehen sind. Daher leuchten mir auch die vier umweltpolitischen Management-Regeln für Nachhaltigkeit ein: 1. bei erneuerbaren Ressourcen darf die Abbaurate die Regenerationsrate nicht überschreiten; 2. bei erschöpfbaren Ressourcen müssen zeitgleich zum Verbrauch funktionsgleiche Substitute gefunden werden; 3. die natürliche Aufnahmefähigkeit (Assimilationskompetenz) der Umwelt bei Einleitung von (Schad-)Stoffen muss beachtet werden; 4. die Gewinne aus dem Abbau nicht-erneuerbarer Ressourcen sollen zur Finanzierung von Alternativ-forschung genutzt werden.[7]

Dem zuvor und zugrundeliegend kann ich hier nur für ein das Konzept der Nachhaltigkeit im Sinne der Brundtland-Definition stützendes Grenzbewusstsein plädieren, das leider (in der heute vorherrschenden

---

[5] Vgl. Hartmut Rosenau, Das ‚Seufzen' der Kreatur – Das Problem der Anthropozentrik in einer Theologie der Natur, aaO.

[6] Vgl. ders., Das Reich Gottes als Sinn der Geschichte – Grundzüge der Geschichts-theologie Tillichs, in: Wilfried Härle / Reiner Preul (Hg.), Marburger Jahrbuch Theologie XI (Reich Gottes), Marburg 1999, 63-83.

[7] Vgl. Stefan Bayer, Art. „Nachhaltigkeit", aaO., 11f.

technisch-wissenschaftlichen Weltanschauung) alles andere als selbstverständlich ist.

2. „Nachhaltigkeit" gewinnt nur an Profilschärfe durch Einbettung in ein
ethisches Rahmenmodell.
Vorhin ist schon angeklungen, dass „Nachhaltigkeit" ein mit anderen
Leitkategorien der Ethik „vernetzter" Begriff ist[8], und nur so kann er
aussagekräftig werden. Diese Vernetzung setzt aber ihrerseits die
Einbindung in ein ethisches Rahmenmodell voraus, von dem her diese
vernetzten Leitbegriffe ihre Bestimmung und Bedeutung erfahren. Drei
solcher Rahmenmodelle könnten gegenwärtig in Frage kommen, die ich
hier nur verkürzt und mit Verzicht auf mögliche Mischformen nennen
möchte:
Verantwortungsethik (M. Weber[9]; H. Jonas[10]). Sie profiliert sich im
Gegensatz zu einer religiösphilosophischen (unbedingten) Gesinnungsethik bzw. zu einem marxistisch-visionären „Prinzip Hoffnung". Ihr Vorteil
liegt darin, dass die Rede von Verantwortung unabhängig von Ideologien
und damit für den ethischen Diskurs in einer pluralistischen, multi-
kulturellen Gesellschaft wie der unsrigen in besonderer Weise geeignet
zu sein scheint. Ihr Nachteil besteht jedoch darin, dass, je größer der
Bereich ist, für den Verantwortung übernommen werden soll, desto
konturloser oder inflationärer das Konzept wird (wer genau hat wofür vor
wem Verantwortung?). Und umgekehrt: Je kleiner und konkreter der
Bereich wird, für den Verantwortung übernommen werden soll, desto
mehr zeigt sich die Einbindung einzelner Subjekte, die bereit sind,
Verantwortung zu übernehmen, in komplexe gesellschaftliche
Strukturen, die kaum noch einen Handlungsspielraum der Verantwortung
erkennen lassen.[11]

---

[8]   Hartmut Kreß, Kulturelle Rahmenbedingungen der Wirtschaft, in: Wolfgang
Deppert u.a. (Hg.), Mensch und Wirtschaft. Interdisziplinäre Beiträge zur Wirtschafts-
und Unternehmensethik, Leipzig 2001, 93-118, bes. 106ff.
[9]   Vgl. Max Weber, Politik als Beruf (1919), in: Ders., Gesammelte politische
Schriften, hg. v. J. Winckelmann, 2. Aufl. 1958.
[10] Hans Jonas, Das Prinzip Verantwortung, Frankfurt/M. 1979.
[11] Ludger Heidbrink, Kritik der Verantwortung. Zu den Grenzen verantwortlichen Handelns, Weilerswist 2003.

Ethik der „Ehrfurcht vor dem Leben" (A. Schweitzer[12]). Sie ist im Gegensatz zu einer bloß positivistischen, aber auch im Gegensatz zu einer unrealistisch-idealistischen Weltsicht formuliert worden. Ihr Vorteil besteht darin, dass sie an weitverbreitete und anerkannte humanistische Überzeugungen sowie an (mystische) Selbsterfahrungen anknüpfen kann: „Ich bin Leben, das leben will, inmitten von Leben, das leben will."[13] Sie versteht sich zwar als rational „denknotwendig", aber sie spricht auch tiefe emotionale, nicht nur kognitive Schichten des Menschen an, die für die Motivation zum ethischen Handeln möglicherweise viel bedeutender sind.[14] Ihr Nachteil aber ist, dass sie kaum klare Kriterien zur Entscheidung von Konfliktsituationen und Wertekollisionen bietet.

Utilitarismus (J. Bentham[15]; P. Singer[16]). Diesem ethischen Konzept zufolge ist für moralisches Handeln vor dem Hintergrund des Glücksstrebens aller Menschen der möglichst optimale Nutzen (größtmöglicher Nutzen für die größtmögliche Zahl) entscheidend – ebenfalls im Gegensatz zu einer kategorischen Pflicht- oder auch Güterethik (Kant; Aristoteles). Auch hier liegt ein Vorteil in der (scheinbaren) Unabhängigkeit von Ideologien und Weltanschauungen. Zudem spricht der Utilitarismus realistisch das wohlverstandene Eigeninteresse der Menschen an. Aber sein entscheidender Nachteil ist: „Nutzen" kann (wegen des Komparativs ohne absoluten Maßstab?) nicht operationalisiert werden, und „Glück" kann man nicht durch ethische Kalküle herstellen. Überdies können Konflikte, bei denen es nicht um Nutzen, sondern z.B. um Gerechtigkeit, Anerkennung, Beteiligung an Entscheidungsprozessen etc. geht, so nicht gelöst werden.[17]

---

[12] A. Schweitzer, Die Ehrfurcht vor dem Leben. Grundtexte aus fünf Jahrzehnten, hg. v. Walter Bähr, 6. Aufl. München 1991, bes. 32-37.

[13] Ders., ebd., 21. Vgl. zu dieser Frage Hartmut Rosenau, Resignation und Einfalt-Anmerkungen zur Mystik Albert Schweitzers, in: Wolfgang E. Müller (Hg.), Zwischen Denken und Mystik. Albert Schweitzer und die Theologie heute, Bodenheim 1997, 126-140.

[14] Vgl. dazu den Beitrag von Werner Theobald in diesem Band.

[15] Vgl. John Start Mill, Utilitarianism, in: John Stuart Mill / Jeremy Bentham, Utilitarianism and Other Essays, ed. By Alan Ryan, London 1987, 272-338.

[16] Vgl. Peter Singer, Praktische Ethik, Stuttgart 1984, bes. 9-25.

[17] Vgl. Hermann Deuser, Utilitarismus und Pragmatismus, in: Stephan H. Pfürtner u.a., Ethik in der europäischen Geschichte II, Stuttgart 1988, 89-101.

3. Jedes ethische Rahmenmodell hängt von einem impliziten oder expliziten Menschenbild bzw. letztlich von einem (religiösen, philosophischen, weltanschaulichen) Wirklichkeitsverständnis im Ganzen ab, das sich auf ein Selbst-, Welt- und Grundverhältnis des Menschen bezieht.

Die Vor- und Nachteile, die Überzeugungskraft und Schwäche eines ethischen Rahmenmodells hängt entscheidend von einem solchen Menschenbild ab: Ist der Mensch ein homo oeconomicus, ein animal rationale, ein animal sociale, ein homo faber, ein Gemüts- Trieb- und Sinnenwesen etc.? Ist das Wesen des Menschen substantial oder relational zu fassen? Und dies wiederum hängt vom leitenden (idealistischen, materialistischen, naturalistischen etc.) Wirklichkeitsverständnis im Ganzen ab. Selbst bei gemeinsam propagierten Werten und Normen (z.B. Würde des Menschen; Gerechtigkeit; Nachhaltigkeit), wo sich prima facie alle am Diskurs in einer pluralistischen Gesellschaft Beteiligten einig sind, gibt es bei näherer Betrachtung erhebliche Verständnis- und Kommunikationsprobleme (z.B. in der Bioethik), wenn die leitenden Menschenbilder und Wirklichkeitsverständnisse nicht offengelegt und diskutiert werden.

Daraus folgt: Eine weltanschaulich neutrale normative Ethik (für alle gleichermaßen verbindlich) gibt es nicht. Das gilt selbst für eine solch formale und deshalb der Intention nach universale Ethik wie die von Kant, die z.B. auf durchaus problematische Weise den autonomen, von praktischer Vernunft geleiteten Menschen in einer nach Sinn und Zweck eingerichteten Welt unterstellt.[18] Diese Einsicht relativiert alle Versuche einer globalen Ethik, die einen kleinsten gemeinsamen Nenner unter Absehung von weltanschaulichen und kulturellen Differenzen finden wollen[19], und hat übrigens auch Konsequenzen für einen angeblich neutralen L-E-R-Unterricht als Alternative zu einem konfessionellen Religionsunterricht an Schulen.

Welches Menschenbild und Wirklichkeitsverständnis also haben wir bzw. wollen wir argumentativ vertreten, wenn es um Nachhaltigkeit geht? Es müsste mindestens ein relationales, geschichtliches, auf Zukunft und

---

[18] Vgl. Wilfried Härle, Die weltanschaulichen Voraussetzungen jeder normativen Ethik, in: Ders. / Reiner Preul (Hg.), Marburger Jahrbuch Theologie XIII (Woran orientiert sich Ethik?), Marburg 2001, 15-38.

[19] Dies schränkt z.B. die Leistungsfähigkeit von Hans Küngs „Projekt Weltethos" erheblich ein; vgl. Hans Küng (Hg.), Dokumentation zum Weltethos, München 2002, bes. 19-35.

Gemeinschaft teleologisch bezogenes sein. Ein solches ist (nicht nur, aber im besonderen Maße) in der christlichen Tradition gegeben.

4. Vor dem Hintergrund des christlichen Menschenbildes und Wirklichkeitsverständnisses ist „Nachhaltigkeit" eine ethische Konsequenz der Weltoffenheit qua Zukunftsoffenheit des Menschen, der in intramundaner Anthropozentrik und transzendentaler Theozentrik in Sorge um seine Identität lebt.[20]

Das biblisch-christliche Menschenbild (im Ausgang von Ps 8)[21] versteht den Menschen a) als Gottes Ebenbild (imago Dei) und damit in seiner Geschöpflichkeit als unverfügbar. Ihm ist b) die Herrschaft über die Welt (dominium terrae) in Verantwortung seiner Sonderstellung im Vergleich zu allen anderen Kreaturen von Gott übertragen (intramundane Anthropozentrik / transzendentale Theozentrik). Aber sein Dasein steht in allen seinen Verhältnissen und Bezügen c) unter der Macht der Sünde. Sie zeigt sich insbesondere in einer Nichtidentität, in einer Nichtübereinstimmung des Menschen mit sich selbst und darin auch nicht mit der Welt und mit Gott (Röm 7,14ff.). Somit ist das Sein des Menschen nicht nur unverfügbar, sondern auch unberechenbar. Menschsein ist daher ein „inter-esse" (Sorge) zwischen Gottesnähe (imago Dei) und Gottesferne (Sünde), nicht definierbar, unverfügbar und unberechenbar. Darin besteht die Geschichtlichkeit des Menschen im Sinne des homo viator (wie Abraham; wie das wandernde Gottesvolk, wie die Kirche). So ist der Mensch um seiner relationalen Identität willen zusammen mit allem Seienden seit und mit der Schöpfung unterwegs zur eschatischen (teleologischen) Vollendung, zum Reich Gottes. Diese für das biblisch-christliche Menschenbild grundlegende Geschichtlichkeit bedeutet in bezug auf Nachhaltigkeit die Ausbildung von Grenzbewusstsein; von Verantwortung vor Gott für unser Welthandeln in bezug auf Mitgeschöpfe und gerade auch für kommende, zukünftige Generationen.

5. Diese Sorge um die eigene Identität zeichnet das menschliche Dasein insbesondere in Zeiten der Gottesferne aus, wie sie paradigmatisch in

---

[20] Vgl. Wolfhart Pannenberg, Was ist der Mensch? Die Anthropologie der Gegenwart im Licht der Theologie, Göttingen 1962, bes. 5-13.

[21] Vgl. dazu insgesamt Hartmut Rosenau, „Adam, wo bist du?" Aspekte theologischer Anthropologie, in: Mitteilungsblatt für Lehrerinnen und Lehrer der Alten Sprachen, Sommer 2003, 19-24.

der alt- und zwischentestamentlichen „Weisheitstheologie" reflektiert worden ist.[22] Die Weisheitstheologie im Alten Testament (dazu gehören im wesentlichen das Buch der Sprüche, das Hohelied, das Buch Hiob, der Prediger, einige Psalmen, aber auch die Josephsgeschichte sowie die Erzählungen von Rut und Esther) ist eine durch die Erfahrung zunehmender Gottesferne motivierte Ordnungstheologie. Gott ist – analog zur gegenwärtigen Situation – nicht mehr unmittelbar und eindeutig in der Lebenswelt der Menschen erfahrbar, es breitet sich eine Verunsicherung in allen Lebensbereichen aus. Die politischen und kulturellen Veränderungen der Hellenisierung auch Palästinas, die den geistesgeschichtlichen Hintergrund der „Weisheit" (sapientia) bestimmen, mögen äußerlich entscheidende Faktoren für diese Verunsicherung des traditionellen Gottesglaubens in Israel gewesen sein. Die Weisheitstheologie vermeidet daher sowohl apokalyptische Zukunfts- und Jenseitsspekulationen wie auch den Rückgriff auf eine zwar kodifizierte, aber auslegungsbedürftige und darum auch immer strittige Offenbarung des Willens Gottes (Tora). Ebenso wenig bezieht sie sich auf die ehrwürdige Tradition von herausragenden Ereignissen der Heilsgeschichte (Exodus), die Gott mit seinem Volk zusammen bindet, und die im Kult wie in den Jahresfesten erinnernd vergegenwärtigt wird, um sich der Nähe Gottes zu vergewissern. Distanziert gegenüber einer Bundestheologie, heilsgeschichtlichen Traditionen und auch gegenüber dem Kult als dem Ort der Gegenwart Gottes, kennt die „Weisheit" erst recht keine unmittelbaren oder persönlichen Begegnungen Gottes, wie sie z.B. von den Erzvätern berichtet werden, und wie sie noch den Prophetenworten Autorität und Gewicht verleihen konnten. Das alles ist der „Weisheit" vergangen und für die Bewältigung des Lebens hier und jetzt mehr oder weniger bedeutungslos geworden.

Stattdessen wird nun nach allgemeinen Ordnungsstrukturen in der Natur, in der Gesellschaft, in den zwischenmenschlichen Beziehungen wie auch in der Lebensführung des einzelnen gesucht, die das Leben angesichts der Verborgenheit und Ferne Gottes dennoch glücken lassen könnten, indem sie Halt, Maß und Orientierung geben, wenn sie „weise" (sapiential) wahrgenommen werden. Diese nun forschend und lehrend herauszufindenden Ordnungen der Schöpfung sind daseinsbestimmende Mächte und Strukturen, durch die der transzendente Gott

---

[22] Vgl. Hartmut Rosenau, Die Ordnungen der Schöpfung - zwischen Ideologie und Weisheit, in: Konrad Stock (Hg.), Zeit und Schöpfung, Gütersloh 1997, 91-113.

auf sehr vermittelte und indirekte, darum auch nicht immer von vornherein erkennbare, aber dann doch möglicherweise im nachhinein verstehbare Weise (Gen 50,20) mit der menschlichen Lebenswelt verbunden ist – als Vorsehung und Garant einer bei aller Fragilität doch verlässlichen und im ganzen sinnvollen Weltordnung.

Freilich geben diese Ordnungen der Schöpfung keinen persönlichen Gott zu erkennen. Der entsprechende Gottesname Jahwe wird daher in den Weisheitstraditionen weitgehend vermieden und durch die neutrale, distanzierte Bezeichnung „elohim" (Gottheit) zur Unterstreichung der Transzendenz und Heiligkeit Gottes ersetzt. So wird auch auf die Begrenztheit menschlicher Einsicht und menschlicher Handlungs-möglichkeiten hingewiesen, die den Menschen eben auch in seinen Gestaltungsmöglichkeiten der Schöpfung als Geschöpf auszeichnen. Darum wird die „(Ehr-)Furcht Gottes" als der Anfang der Weisheit bezeichnet, und unter ihrem Vorzeichen dient das staunende Forschen nach den oft genug rätselhaften Ordnungen der Schöpfung in Natur und Gesellschaft vor allem dazu, sich angemessen als Geschöpf zu verstehen – in respektvoller Distanz zum unbestimmten, aber in den Ordnungen der Schöpfung indirekt anwesenden Gott.

6. Grundzüge einer „weisheitlichen" (sapientialen) Einstellung zur Wirk-lichkeit im Ganzen sind „Gottesfurcht" und Vertrauen auf die „Vorsehung" im Sinne eines Tun-Ergehen-Zusammenhangs.

Dabei meint Wirklichkeit im Ganzen, wie gesagt, das relationale Gefüge von Selbst-, Welt- und Grundverhältnis des Menschen. Diesem in „Gottesfurcht" zu begegnen heißt vor allem, ein angemessenes Selbstverständnis des Menschen als Geschöpf in Bezug auf die Ordnungsstrukturen der Schöpfung in Ehrfurcht, Demut und Selbstbescheidung, in einer zurückhaltenden, maßvollen, beherrschten und wohltemperierten Lebensführung zu entwickeln. Daher wählt die Weisheit für ihre Ratschläge zum gelingenden Leben aufgrund ihrer Einsicht in die Zusammenhänge der Ordnungsstrukturen der Schöpfung auch nicht die Form der gesetzlichen Vorschrift, verbunden mit entsprechenden kategorischen Drohungen oder Verheißungen, sondern die Form eines apophantischen Beschreibens von Lebensstrukturen und Lebenssituationen, wie sie im Licht angesammelter Erfahrung wahr-genommen werden können, mit den Mitteln der Erzählung und des Sprichworts, das zu bedenken gibt, aber nicht moralisierend befiehlt oder dogmatisch behauptet. Darum kann die Weisheit auch ganz allgemein menschliches, bewährtes Erfahrungswissen auch anderer Völker und

Traditionen aufnehmen, zumal sie nicht den Anschluss an spezifisch heilsgeschichtliche oder kultische Sonderüberlieferungen sucht. So ist insbesondere die ägyptische Vorstellung von einer universalen Weltordnung (ma'at) von der alttestamentlichen Weisheitstheologie adaptiert und zum Grundsatz eines Tun-Ergehen-Zusammenhangs zwischen gottesfürchtigem Verhalten und Segen einerseits und gottlosem Verhalten und misslingendem Leben andererseits (Ps 1) unter der Vorsehung Gottes zusammengezogen worden. Das Vertrauen auf diese Vorsehung führt hier nicht zu Fatalismus und Schicksals-ergebenheit, sondern ermöglicht ein auf Zukunft bezogenes, eigenes Handeln und Entscheiden im Vertrauen darauf, dass das (begrenzte) Handeln Sinn ergibt und in ein stimmiges Gefüge eingeordnet wird. Vorsehungsglaube ist daher Sinnerwartung im Blick auf die Zukunft.

7. „Nachhaltigkeit" lässt sich als umweltethische Variante des weisheitlichen Tun-Ergehen-Zusammenhangs im Rahmen eines sinnvoll geordneten Wirklichkeitsgefüges interpretieren.

Nachhaltigkeit leben ist Ausdruck eines angemessenen, „weisen" Selbst-verständnisses des Menschen als Geschöpf im Beachten von Ordnungs-strukturen der Schöpfung bzw. Institutionen als notwendige Bedingungen der Möglichkeit des auf Zukunft bezogenen Handelns in endlicher Freiheit. In biblisch-theologischer Sprache kann daher Nachhaltigkeit mit „Segen" in Verbindung gebracht werden.[23] Im Unterschied zur Ideologi-sierung des Begriffs „Schöpfungsordnungen" im Neuluthertum[24] geht es dabei nicht um eine konkrete Aufzählung einzelner für unveränderlich gehaltener Ordnungsstrukturen, sondern darum, sich in allen dynamisch veränderlichen Lebenslagen adäquat seiner Geschöpflichkeit in Relation zum Grund des Selbst- wie Weltverhältnisses zu verstehen und dies transparent werden zu lassen. Dazu gehört gerade auch in umweltethi-scher Hinsicht ein prinzipielles Grenzbewusstsein in bezug auf Erkenntnis- und Handlungsmöglichkeiten, so dass möglicher Irrtum und Fehlerhaftigkeit bei allen Vorhaben mit eingeplant werden muss und nichts grundsätzlich Irreversibles unternommen werden sollte. Diese Haltung entspricht auch der „Heuristik der Furcht" bei H. Jonas.[25] Nichts

---

[23] Diesen Hinweis verdanke ich Friedrich-Otto Scharbau in einem Brief im Anschluss an diesen Vortrag.

[24] Vgl. Hartmut Rosenau, Art. „Schöpfungsordnung", in: TRE Bd. 30, Berlin 1999, 356-58.

[25] Hans Jonas, Das Prinzip Verantwortung, aaO., 8.

ist daher als „das einzig Wahre" durchzusetzen, vielmehr sind immer auch Alternativen zu erkunden und zu fördern.

8. „Nachhaltigkeit" als umweltethische Leitkategorie lässt sich nicht allein rational-argumentativ, sondern vor allem ästhetisch-appellativ vermitteln im Sinne einer indikativischen bzw. deskriptiven Ethik.

So wie sich die weisheitliche Welteinstellung zwischen den Befindlichkeiten „Gottesfurcht" und „Vertrauen" (auf die Vorsehung) entwickelt und auf Erfahrung (der Gottesferne) beruht, so lebt ihre Ethik nicht primär vom Argument und der Reflexion im Appell an die Vernunft des Menschen als animal rationale, sondern vornehmlich im Beschreiben dessen, was geschieht, wenn so oder anders gehandelt wird. Die Form ist das Sprichwort, nicht das Gebot oder der Imperativ. Es handelt sich eher um ein ästhetisch-ethisches Aufweisen von Lebensmöglichkeiten und -formen im Appell an die eigene Erfahrung im Sinne einer deskriptiven, nicht präskriptiven bzw. im Sinne einer indikativischen, nicht imperativischen Ethik (Schleiermacher[26]).

Entsprechend ist das „nachhaltig leben" auch nicht das verfügbare Resultat einer rein-rationalen, argumentativen Ethik, die nicht unbedingt in die Tiefenschichten der Persönlichkeit führt, wo Überzeugungen und Einstellungen gebildet werden, die für die habituelle Etablierung von ethischen Werten wie „Verantwortung", „Pflicht" oder „Nutzen" sorgen können. Nur argumentatives Vorgehen führt höchstens zu einer „skeptischen Ethik"[27] gegenüber dem Begründungsnotstand von Prinzipien (was nicht eine respektable Tugendethik ausschließen muss).

9. Eine solche (sapientiale) Ethik fördert die Ausbildung von Tugenden wie z.B. Verweilenkönnen, Wartenkönnen, Seinlassenkönnen, Gelassenheit, Selbstrelativierung, Demut, die zu einer Haltung (habitus) durch Gewohnheit werden müssen.

Dies sind in erster Linie Haltungen, die einer ästhetischen Einstellung zur Welt zugrunde liegen, ohne dass sie in Libertinismus und Amoralität führen müssten. Vielmehr kann eine solche ästhetische Einstellung durchaus in ein ethisches Gesamtkonzept eingebunden werden, das auch Wahrhaftigkeit, Sachlichkeit, Toleranz und Großmut impliziert.

---

[26] Vgl. dazu Hartmut Rosenau / Peter Steinacker, Die Ethik im deutschen Idealismus und in der Romantik, in: Stephan Pfürtner u.a., Ethik in der europäischen Geschichte II, aaO., 72-89, bes. 76ff.

[27] Wilhelm Weischedel, Skeptische Ethik, Frankfurt/M. 1976.

Denn Ethik kann sich (in Anlehnung an Fr. Schiller) auch an Ästhetik orientieren[28] – gerade in unserer postmodernen Zeit, wobei allerdings die Einheit von schön und gut nur religiös (schöpfungstheologisch) begründet werden kann.

10. Solche Tugenden zur Habitualisierung von „Nachhaltigkeit" erfordern Konzepte einer ästhetisch-religiösen Erziehung.

Wenn Nachhaltigkeit eine effektive umweltethische Leitkategorie werden und bleiben soll, muss sie nicht nur (oberflächlich) im ethischen Diskurs vertreten, sondern in einem auf Befindlichkeit und Einstellungswandel abzielenden ästhetisch-religiösen Erziehungskonzept verankert werden. Insofern ist hier nicht nur die Ethik gefragt, sondern auch und vor allem die Religionspädagogik. Nicht von ungefähr ist die alt- und zwischentestamentliche Weisheit eine Theologie der Schule, der Familien- und Berufserziehung gewesen. Nachhaltigkeit leben heißt also: zur Nachhaltigkeit erziehen.

[28]Vgl. Hartmut Rosenau, Ethik und Ästhetik. Zur Konzeption eines ästhetischen Humanismus, in: Wilfried Härle / Reiner Preul (Hg.), Marburger Jahrbuch Theologie XIII (Woran orientiert sich Ethik?), aaO., 91-111.

DIETER KORCZAK

Sustainable Development.
Verantwortungsbewusstes Marketing und Moral

„One day sustainability will sell", war die Schlussfolgerung eines englischen Marketingdirektors von Unilever Fish (in Deutschland: Iglo) auf einer UNEP/Esomar Konferenz im Sommer 2004. Aber solange die Konsumenten nicht verstünden, dass selbst der Kauf von Fischstäbchen Bestandteil von Nachhaltigkeitsüberlegungen werden müsse, sei dieser Tag noch weit entfernt. Das Engagement von Unilever Fish für Nachhaltigkeit ist nicht überraschend, seitdem die ozeanischen Fischgründe zusehends leergefischt werden. Dem Unternehmen geht der Rohstoff für seine Produktion verloren. Als neueste Maßnahme verantwortungsbewussten Marketings hat Iglo im April 2005 angekündigt, alle Fischstäbchenprodukte aus umweltverträglichem und nachhaltigem Fischfang zu beziehen, zertifiziert durch das Marine Stewardship Council (MSC). Dessen Aufgabe ist es, verantwortungsbewusste, umweltgerechte und wirtschaftlich vertretbare Fischfangmethoden zu fördern.

Nur so viel zu verbrauchen, dass sich Bestände von selbst regenerieren bzw. problemlos nachgesät oder nachgepflanzt werden können, ist eine der Grundideen des Nachhaltigkeitsprinzips. Die Renaissance des Denkens in Nachhaltigkeitskategorien wurde 1972 durch das Katastrophenszenario „Die Grenzen des Wachstums" eingeleitet. Meadows, Randers, Behrens zogen damals den Schluss, dass bei einer unveränderten Zunahme der Weltbevölkerung, der Industrialisierung, der Umweltverschmutzung, der Nahrungsmittelproduktion und der Ausbeutung von natürlichen Rohstoffen die absoluten Wachstumsgrenzen auf der Erde im 21. Jahrhundert erreicht sein werden. In der 20 Jahre später erschienenen Fortschreibung der Analyse konstatieren die Autoren, dass die Nutzung zahlreicher Ressourcen und die Akkumulation von Umweltgiften bereits die Grenzen des langfristig Zuträglichen überschritten habe.[1] Trotz der sicht- und spürbaren Folgen wie Dürre- und Trockenperioden einerseits, hoher

---

[1] Donatella und Dennis Meadows, Jorgen Randers: Die neuen Grenzen des Wachstums, DVA, Stuttgart 1992.

Niederschlagsanstieg andererseits, Zunahme von Zyklonen, Tornados, Hurrikans, weltweiter Klimaanstieg etc. dominiert weiterhin das wirtschaftliche Wachstumsparadigma. Ein Staat darf seinen gesamten Baumbestand fällen, seine profitabelsten Mineralien bis zur Neige ausbeuten, seine Fischgründe leer fischen, einen Großteil seines Bodens erodieren, ihm sämtliches Wasser entziehen - und all das als Wachstum und Bruttoinlandsprodukt deklarieren, anstatt es als Kosten und als Verlust des natürlichen Ressourcenstocks auszuweisen. Im Brundtland-Bericht wurde deshalb erstmals die Forderung nach sustainable development aufgestellt, verstanden als „dauerhafte Entwicklung, die die Bedürfnisse der Gegenwart befriedigt, ohne zu riskieren, dass künftige Generationen ihre eigenen Bedürfnisse nicht befriedigen können." (Hauff 1987:46)

Dem Risiko der unkontrollierten Ausbeutung wollte die internationale Staatengemeinschaft 1992 in Rio de Janeiro einen Riegel vorschieben. Auf dem Weltgipfel verpflichteten sich über 170 Regierungen und zahlreiche Nichtregierungsorganisationen (NGOs) auf das Prinzip der Nachhaltigkeit (Sustainability). Sie sprachen sich in der Deklaration für den verantwortungsbewussten Umgang mit ökonomischen, natürlichen und menschlichen Ressourcen aus. Leben, arbeiten und Geld verdienen sollte in der ausgewogenen Balance zwischen den Interessen der Ökonomie, der Ökologie und des sozialen Bereichs stattfinden. Vor allem sollte Verantwortung für das Leben und die Lebenssituation künftiger Generationen übernommen und Nachhaltigkeit zum selbstverständlichen Bestandteil des Alltagslebens werden: „Our biggest challenge in this new century is to take an idea that seems abstract - sustainable development - and turn it into daily reality for all the world's people" (Kofi Annan 2001). Im Rahmen der Rio-Konferenz sind auch die Konventionen zum Erhalt der biologischen Vielfalt (Convention on Biological Diversity) und zum Klima-Wandel (Convention on Climate Change) bindend verabschiedet worden.

Die Nachfolgekonferenz in Johannesburg (2002) hat gezeigt, dass die Umsetzung von Nachhaltigkeitskonzepten nur schleppend erfolgt. Die Priorisierung von wirtschaftlichem Wachstum ohne die adäquate Berücksichtigung ökologischer Aspekte ist eher die Regel als die Ausnahme. Die Folgen für die Öko-Systeme der Welt, für Migrationsströme und gewaltsame Konflikte sind gravierend. Eine neueste Studie der UN hat gezeigt, dass zwar die Produktion von Getreide, von tierischen Produkten, die Fischzucht sowie die Bindung von Kohlenstoff in Wäldern und Ozeanen in den letzten 50 Jahren gesteigert werden konnte, aber gleichzeitig die Ökosysteme stärker verändert und geschädigt wurden als je zuvor.[2] Wo und ab wann die Ausgewogenheit von Ökonomie, Ökologie und Sozialem gegeben ist, ist weiterhin Gegenstand unterschiedlicher Auffassungen. Ecosense, das Forum nachhaltige Entwicklung der deutschen Wirtschaft, sieht beispielsweise das Nachhaltigkeitskonzept als kontinuierlichen Suchprozess zum Interessenausgleich. Wie die angestrebte Balance erreicht werden kann, bleibt für viele Menschen im Nebel. Eine Expertenbefragung des Rates für Nachhaltigkeit, veröffentlicht in 2004, kommt zu der Erkenntnis, dass ein gemeinsames Grundverständnis von Nachhaltigkeit bei den Akteursgruppen fehlt (Rat für Nachhaltige Entwicklung 2004). Die zahlreichen verschiedenen ‚Öko-Labels' tragen zusätzlich zur Konfusion bei. Wie der Begriff der ‚Corporate Social Responsibility' (CSR) wird Nachhaltigkeit als positiver Wert und Bürde zugleich empfunden. Aber so wie CSR in den meisten Fällen nur einen geringen Einfluss auf Marketingstrategien hat, so sind die Vorteile und der Nutzen des Nachhaltigkeitskonzeptes nicht selbst-evident. Von Kofi Annans Vision, dass Nachhaltigkeit selbstverständlich in das Alltagsleben integriert ist, sind wir noch weit entfernt.

Tabelle: Nachhaltigkeitsregeln

Ökonomische Nachhaltigkeitsregeln
1) Das ökonomische System soll individuelle und gesellschaftliche Bedürfnisse effizient befriedigen. Dafür ist die Wirtschaftsordnung so zu gestalten, dass sie die persönliche Initiative fördert und das Eigeninteresse in den Dienst des Gemeinwohls stellt.
2) Preise müssen dauerhaft die wesentliche Lenkungsfunktion auf Märkten wahrnehmen. Sie sollen dazu weitestgehend die Knappheit der Ressourcen, Produktionsfaktoren, Güter und Dienstleistungen wiedergeben.
3) Die Rahmenbedingungen des Wettbewerbs sind so zu gestalten, dass funktionsfähige Märkte entstehen und aufrechterhalten bleiben, Innovationen angeregt werden und der gesellschaftliche Wandel zur Anpassung an zukünftige Erfordernisse gefördert wird.
4) Die ökonomische Leistungsfähigkeit einer Gesellschaft und ihr Produktiv-, Sozial- und Humankapital müssen im Zeitablauf zumindest erhalten werden.

---

[2] Pressemitteilung der UN vom 30.3.2005, Millennium Ecosystem Assessment (MA).

Ökologische Nachhaltigkeitsregeln

1) Die Abbaurate erneuerbarer Ressourcen (z.B. Holz) soll ihre Regenerationsrate nicht überschreiten.

2) Nicht-erneuerbare Ressourcen (wie Erdöl, Erdgas) sollen nur in dem Umfang genutzt werden, in dem ein physisch und funktionell gleichwertiger Ersatz in Form erneuerbarer Ressourcen oder höherer Produktivität geschaffen wird.

3) Stoffeinträge in die Umwelt sollen sich an der Belastbarkeit der Umweltmedien (Luft, Boden, Wasser) orientieren.

4) Das Zeitmaß anthropogener Einträge bzw. Eingriffe in die Umwelt muss in ausgewogenem Verhältnis zum Zeitmaß der für das Reaktionsvermögen der Umwelt relevanten natürlichen Prozesse stehen.

5) Gefahren und unvertretbare Risiken für die menschliche Gesundheit durch anthropogene Einwirkungen sind zu vermeiden.

Soziale Nachhaltigkeitsregeln

1) Der soziale Rechtsstaat soll die Menschenwürde und die freie Entfaltung der Persönlichkeit sowie Entfaltungschancen für heutige und zukünftige Generationen gewährleisten.

2) Jedes Mitglied der Gesellschaft muss entsprechend seiner Leistungsfähigkeit einen solidarischen Beitrag für die Gesellschaft leisten.

3) Jedes Mitglied der Gesellschaft erhält Leistungen von der solidarischen Gesellschaft:
- entsprechend geleisteter Beiträge für die sozialen Sicherungssysteme
- entsprechend seiner Bedürftigkeit

4. Die sozialen Sicherungssysteme können nur in dem Umfang wachsen, indem sie auf eine gestiegene Wirtschaftskraft zurückgehen

5. Das in der Gesellschaft insgesamt und in den einzelnen Gliederungen vorhandene Leistungspotential soll für künftige Generationen zumindest erhalten werden.

Quelle: Enquete-Kommission Schutz des Menschen und der Umwelt, 13. Deutscher Bundestag

Politik

Welche Barrieren stehen einer besseren Umsetzung der Nachhaltigkeit im Wege? Es lohnt sich, darauf hin die drei wichtigsten Akteure - Politik, Wirtschaft und Konsumenten - etwas näher zu betrachten.

Politiker haben im Wesentlichen vier Möglichkeiten: Sie können ein vorbildhaftes Leben führen, sie können sich mit Appellen an die Bevölkerung wenden, sie können Vereinbarungen treffen oder Verordnungen erlassen und sie können Gesetze anstoßen und verabschieden. Vorbildhaft war beispielsweise, als der damalige deutsche Umweltminister und heutige Direktor des United Nations Environmental Programmes (UNEP), Klaus Töpfer, auf der Höhe von Leverkusen in den Rhein stieg und schwamm, um die Unbedenklichkeit und Qualität des Rheinwassers zu demonstrieren. Problematisch wird bereits die Einschätzung von Al Gore, dem amerikanischen Vize-Präsident und Präsidentschaftskandidat, der vor seiner Berufung ins Weiße Haus mit seinem Buch *Wege zum Gleichgewicht* ein Plädoyer für die Rettung der Ozonschicht und gegen die Verklappung von Sondermüll publiziert hat. Im Amt und bei seiner eigenen Präsidentschafts-bewerbung sah man wenig von seinem Nachhaltigkeitsgewissen.

Öffentliche Appelle zur Problematik des Atomstroms und von Wieder-aufbereitungsanlagen, zur Reduzierung des Kfz-Verkehrs, zur Müllvermeidung und zum sparsamen Wasser- und Energieverbrauch sowie zur gesundheitsbewussten Ernährung hat es in den letzten Jahren zahlreiche gegeben.

Wenn Appelle nicht mehr helfen, wird der Weg konsensualer Vereinbarungen gesucht. So ist im Juni 2001 zwischen der Energiewirtschaft und der Bundesregierung eine Vereinbarung zum Ausstieg aus der Nutzung der Atomenergie geschlossen worden. Verordnungen betreffen beispielsweise Stoffe, die die Ozonschicht schädigen, die Meldung von Biozid-Produkten, das Entsorgen von Altfahrzeugen, die abfallrechtliche Überwachung oder das Dosenpfand.

Zahlreiche nationale Umweltgesetze regeln den Umgang mit Abfall, Boden, Energie, Immissionen, Natur, Lärm, Strahlen. EU-Richtlinien geben darüber hinaus deutschen gesetzgeberischen Vollzug vor. Aktuelles Beispiel für die inhärente Problematik nationaler und internationaler Gesetzgebungsverfahren ist die „Luftqualitätsrahmen-richtlinie" (96/62/EG), die im September 1996 vom Europäischen Rat verabschiedet wurde. Durch sie werden Grenzwerte für die Belastung der Atemluft durch giftige Abgase und gesundheitsschädliche Staub- und Rußpartikel vorgegeben. Ab Januar 2005 gelten neue EU-Grenzwerte für die besonders krebserregenden Dieselrußpartikel (Feinstaub). Trotz der langen Vorlaufzeit dieser Richtlinie und trotz einer Initiative des BUND seit 2002 haben deutsche Autohersteller mit dem Argument der Kostensteigerung bis zum April 2005 darauf verzichtet, Nachrüstsysteme oder Dieselrußfilter anzubieten. Exemplarisch wird im Umgang mit der Dieselrußdiskussion deutlich, wie schleppend trotz rechtlicher und politischer Vorgaben die Umsetzung nachhaltigen Verhaltens ist.

Ein unablässiger Promoter im politischen Raum von Nachhaltigkeit ist jedoch die UNO. 1994 stellte die UN-Kommission für nachhaltige

Entwicklung (CSD) einen Katalog von 134 Nachhaltigkeitsindikatoren vor, mit denen nachhaltige Entwicklung gemessen werden kann.

Die UN-Richtlinien für Verbraucherschutz wurden 1999 um die Sektion G „Promotion of Sustainable Consumption" (UN Assembly Decision 54/449) erweitert. Dieser Abschnitt dient als Rahmen für Regierungen, um nachhaltigere Konsum- und Produktionsmuster zu stärken, die sowohl den Umweltverbrauch und die Schadstoffeinleitungen reduzieren, wie für eine gleichmäßigere Verteilung der Ressourcen zwischen arm und reich sorgen.

Als neueste Entwicklung hat sich in der EU das Denken in Produkt-Lebenszyklen durchgesetzt und wurde 2001 im Grünbuch der EU vorgestellt. Da sich alle Produkte und Dienste während ihres gesamten Lebenszyklus, das heißt Herstellung, Nutzung oder Entsorgung, auf die Umwelt und Gesundheit auswirken, sollen durch das Propagieren der „Integrierten Produktpolitik (IPP)" nachhaltige Produktions- und Verbrauchmuster gefördert werden.

2002 ist durch die Vollversammlung der Vereinten Nationen die UN Dekade „Bildung für nachhaltige Entwicklung" (2005-2014) beschlossen worden. Ihr Ziel ist es, durch Bildungsmaßnahmen zur Umsetzung der in Rio beschlossenen und in Johannesburg bekräftigten Agenda 21, Kapitel 36, beizutragen und die Prinzipien nachhaltiger Entwicklung weltweit in den nationalen Bildungssystemen zu verankern.

Wie eine neue Studie des Netzwerkes der Europäischen Umwelt- und Nachhaltigkeitsräte (EEAC) zeigt, hat gegenwärtig nahezu jeder EU-Staat andere Strukturen, Schwerpunkte und Inhalte in die Nachhaltigkeitsstrategie integriert. Getreu ihrer gesellschaftlichen Historie haben beispielsweise die skandinavischen Länder einen Bottom-up-Ansatz, der lokalen und regionalen Initiativen große Bedeutung einräumt. Die meisten anderen Länder verfolgen dagegen eine Top-down-Strategie. Bei beiden Ansätzen erfolgt selten eine transparente und systematische Überprüfung der Zielsetzungen.

Verantwortungsbewusste Umweltpolitik kann sich am Vorsorge-, Verursacher- und Kooperationsprinzip orientieren. Das Vorsorgeprinzip betrifft primär die Risikovorsorge. Risikoabschätzungen werden im Zeitalter der Globalisierung jedoch zunehmend schwieriger. Mit der Zunahme von Wissen wächst gleichzeitig das Wissen um Risiken, jedoch auch das Nichtwissen; es haben sich bedeutende Steigerungs-logiken von Nichtwissen etabliert.[3]

Beim Verursacherprinzip geht es um Kostenzurechnung und ökonomische Effizienzkriterien. Die Kosten für Umweltschäden soll der tragen, der ursächlich für das Entstehen dieser Schäden verantwortlich ist. Kooperation ist notwendig, um den Ausgleich der verschiedenen Interessenlagen erzielen zu können. Hier haben sich insbesondere Mediationsverfahren bewährt, z.b. zwischen Ureinwohnern im kanadischen Urwald und Holzverarbeitungsfirmen.

Diese Prinzipien stoßen in der politischen Umsetzung auf zahlreiche Widerstände. Wie jedes andere politische Ressort steht auch die Umweltpolitik im Spannungsfeld der Interessen unterschiedlicher Gruppen, seien es wirtschaftliche Wachstumsinteressen, landwirtschaftliche Produktionstraditionen, Fremdenverkehrsbedürfnisse oder Mobilitätswünsche der Bevölkerung. Um politisch effektiv zu sein, muss Nachhaltigkeit deshalb als Querschnittsaufgabe und Ressort übergreifend angelegt werden. Der EU-Industriekommissar Günter Verheugen hat im Februar 2005 noch betont, dass, was ökologisch falsch ist, ökonomisch nicht richtig sein kann. Für ihn sind das Erreichen von Wachstums- und Umweltzielen zwei Seiten der selben Medaille, denn Umwelttechnologien sind wirtschaftliche Wachstumssektoren und tragen zum Umweltschutz bei.[4] Aber der ressourcenverschlingende, Umwelt und Sozialsysteme belastende Konsum findet nicht im Bereich der Umwelttechnologien statt, sondern in der IT-Technik, im Energiesektor, im Ernährungsbereich, bei den Großtechnologien, in der Kommunikations- und Verkehrsbranche. So stiegen zwischen 1990 und 2002 die CO_2-Emissionen aus dem zivilen Luftverkehr trotz technologischer Verbesserungen überproportional um nahezu 70%.[5]

Verbraucher

Das Umweltbewusstsein ist in Deutschland in den letzten 30 Jahren auf ein erstaunlich hohes Niveau gestiegen, wie alle Umfragen zeigen.[6] So

---

[3] Vgl. dazu ausführlich Stefan Böschen u.a. (Hg.): Handeln trotz Nichtwissen, Campus, Frankfurt 2004.

[4] Redetext Mr. Verheugen at ENVI Committee, Brussels, 3 February 2005.

[5] Mitteilung des Rats für nachhaltige Entwicklung vom 23.3.2005.

[6] Verbraucher-Analyse 1992; STERN, Dialoge 3, 1991; Burda, Typologie der Wünsche, 1992; SPIEGEL, Auto, Verkehr und Umwelt, 1993.

sammelt die überwiegende Mehrheit der Bevölkerung umweltbelastenden Sondermüll (z.b. Batterien, Chemikalien) und recycelt Glas und Papier. Drei von vier Befragten verwenden umweltschonende Haushaltsreiniger und Waschmittel sowie Recycling-Papier. Zwei Drittel der Bevölkerung kaufen gezielt umweltfreundliche Produkte und bemühen sich, Verpackungsmaterial abzulehnen oder zumindest zu sparen. Es ist auch eine Bereitschaft in der Bevölkerung erkennbar, durch individuelle Kaufentscheidungen Firmen zu boykottieren, die die Umwelt verschmutzen. Man denke hier nur an den Boykott der Firma Shell wegen der Brent Spar-Ölbohrplattform. Andererseits dürfen die Augen nicht davor verschlossen werden, dass es Bereiche gibt, in denen aktives Umweltverhalten schmerzt. Dazu gehört der weitgehende Verzicht auf Kfz-Mobilität. Nur jeder dritte Befragte fährt häufiger mit öffentlichen Verkehrsmitteln als mit seinem Auto. 80% können sich ein Leben ohne Auto heute und auch in Zukunft nicht vorstellen. Andererseits sind rund 90% der Ansicht, dass „die Regierung die Autohersteller zwingen sollte, umweltfreundlichere Autos zu bauen" (SPIEGEL, Auto, Verkehr und Umwelt).

Konsumenten befinden sich in einem Zwiespalt. Sie möchten sich einerseits nachhaltig verhalten, andererseits haben sie ganz persönliche Vorlieben, genuss- oder statusorientierte Wünsche, die nicht mit Nachhaltigkeit im Einklang stehen.

Youth, as many of us, live with a paradox

I'd like to end poverty, stop violence and racism, and get rid of pollution. Everyone should be equal.

I want to dress in the nicest clothes, drive a great car, talk on the latest mobile phone, and watch my brand new DVD

UNEP Division of Technology, Industry and Economics - www.uneptie.org

Neben diesem Zwiespalt gibt es auch noch ein Wahrnehmungsproblem, den Zweifel, ob individuell nachhaltiges Verhalten wirklich Sinn macht, ob der 'Grüne Punkt' den vorsortierten Müll tatsächlich trennt und recycelt, oder ob der dann letztlich nicht doch verbrannt wird. Jeder Zweite vertritt die Auffassung, „dass es als einzelner keinen Zweck hat, sich umweltbewusst zu verhalten, solange die Industrie in großem Stil die Umwelt schädigt." (Spiegel, Auto...). Hier liegt offenbar das von Eibl-Eibesfeldt als „Allmende-Dilemma" beschriebene Problem vor. Dieses am Beispiel der Überweidung von Dorfwiesen beschriebene Dilemma besagt, dass Individuen gegen bessere Einsicht handeln, wenn sie durch ihre freiwillige Einschränkung langfristig nicht Schaden abwenden können und kurzfristig Ertrags- oder sonstige Nachteile in Kauf nehmen müssen. Es ist jedoch nicht dieses Dilemma allein, das nachhaltiges Verhalten verhindert. Hinzu kommt der relative Grenznutzen, den ein bestimmtes Verhalten für ein Individuum bewirkt. Mülltrennen und Alt-Papier-Recyclen kostet nichts bzw. nicht viel, der subjektiv empfundene Nutzen ist dagegen hoch („Ich bin ein Umweltschützer"). Als Berufspendler auf die Autofahrt zu verzichten und öffentliche Verkehrsmittel zu benutzen, kostet dagegen, individuell betrachtet, relativ viel (vor allem Zeit, Unbequemlichkeiten, Geruchsbelästigung etc.) und bringt maximal subjektiv den gleichen Nutzen wie das Mülltrennen. Die Maximierung des individuellen Nutzens, als die man auch die Individualisierung in der Moderne und Post-Moderne verstehen kann, betrifft somit auch die Einstellung zu den Kosten und dem Nutzen, mit dem individuell Nachhaltigkeit verbunden sind. Außerdem: Wenn jemand durch Sozialisation umweltfreundlich erzogen worden ist, wird er seine mit Nachhaltigkeit verbundenen Kosten und Nutzen anders sehen und bewerten als jemand, der sehr natur- und gesellschaftsfern aufgewachsen ist.

Damit sind die Störfaktoren für eine häufigere Umsetzung von Bewusstsein in Verhalten bei weitem nicht erschöpft. Hinzu kommt eine weit verbreitete Unsicherheit über die Informationsqualität zum Thema Umwelt und Nachhaltigkeit. Drei Viertel der Befragten in der bereits zitierten SPIEGEL-Untersuchung stimmen der Aussage zu: „Ich vermisse eine wirklich objektive und glaubwürdige Informationsquelle zum Thema Umwelt". Dieses verblüffende Resultat spiegelt den misslungenen Versuch der Reduktion von Komplexität wider. Der Laie ist überfordert, die häufig kontroverse Expertendiskussion zur Auswirkung von Umweltschäden auf ihren Wahrheitskern zurückzuführen. Ist die Klimaerwärmung ein zeitlich und historisch bedingter natürlicher Vorgang oder eine Folge von FCKW und Schadstoffemissionen? Inwieweit ist jeder Einzelne selbst daran beteiligt oder liegt dies im Verursachungsbereich der Industrie? Solange Wissenschaftler, Lobbyisten und Politiker über Ursachen und Wirkungen streiten, orientieren sich die meisten Menschen am Prinzip Hoffnung, „es wird schon gut gehen".

Insgesamt ist in der Bevölkerung von knapperen Budgets auszugehen, die zu einem Überdenken der Prioritäten und Ausgabenstrategien führen können. Sparsamkeit könnte Ressourcenschonung und mehr Eigenarbeit bedeuten, als „Geiz ist geil" formuliert wird es aber eher zu einem verstärkten Konsum von billig in Drittländern unter Umgehung von Umwelt- und Sozialstandards produzierter Massenware.

Bei ihren Kaufentscheidungen ist für Verbraucher Nachhaltigkeit gegenwärtig ein Zusatznutzen und kein kaufentscheidendes Argument.

Das Verhalten der Konsumenten deckt sich heute noch nicht mit ihren (geäußerten) Einstellungen. Vielfach werden die Muster der sozialen Wünschbarkeit bedient. Es zeigt sich auch, dass Umwelt- und Nachhaltigkeitsaspekte in der öffentlichen Meinung hinter andere Probleme wie Terrorismus, Arbeitslosigkeit, Kriminalität, Gesundheitskosten zurückgefallen sind.

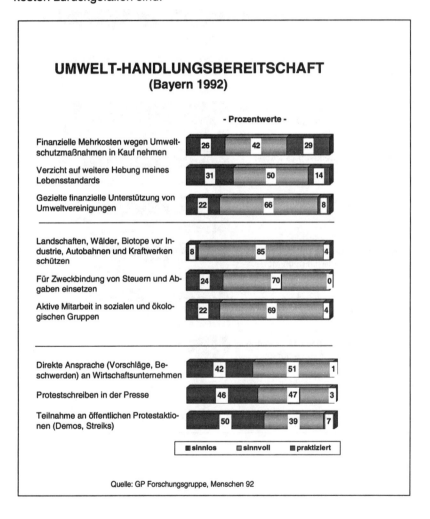

UMWELT-HANDLUNGSBEREITSCHAFT
(Bayern 1992)

- Prozentwerte -

	sinnlos	sinnvoll	praktiziert
Finanzielle Mehrkosten wegen Umweltschutzmaßnahmen in Kauf nehmen	26	42	29
Verzicht auf weitere Hebung meines Lebensstandards	31	50	14
Gezielte finanzielle Unterstützung von Umweltvereinigungen	22	66	8
Landschaften, Wälder, Biotope vor Industrie, Autobahnen und Kraftwerken schützen	8	85	4
Für Zweckbindung von Steuern und Abgaben einsetzen	24	70	0
Aktive Mitarbeit in sozialen und ökologischen Gruppen	22	69	4
Direkte Ansprache (Vorschläge, Beschwerden) an Wirtschaftsunternehmen	42	51	1
Protestschreiben in der Presse	46	47	3
Teilnahme an öffentlichen Protestaktionen (Demos, Streiks)	50	39	7

Quelle: GP Forschungsgruppe, Menschen 92

UMWELTBEWUSSTSEIN
(1990 - 1992)

- Zustimmung -

Ich werfe Alt-Glas und -Papier regelmäßig in den dafür vorgesehenen Container
83%
84%

Ich kaufe Getränke möglichst in Mehrwegflaschen
82%
83%

Ich verwende bevorzugt umweltschonende Haushaltsreiniger und Waschmittel
76%
81%

Ich benutze ungebleichtes Papier (Toilette, Haushalt, Brief)
71%
74%

Ich kaufe gezielt umweltfreundliche Produkte
69%
70%

Von Firmen, die die Umwelt verschmutzen, kaufe ich nach Möglichkeit keine Produkte
61%
54%

Ich gebe alte Medikamente in der Apotheke ab
58%
34%

Ich habe in den letzten 12 Monaten Geld für Umweltorganisationen gespendet
19%
5%

■ West ■ Ost

Quelle: Verbraucher-Analyse 92, Grafik: GP Forschungsgruppe

UMWELTBEWUSSTSEIN
(1992)

- Zustimmung -

Ein Leben ohne Auto könnte ich mir gar nicht vorstellen — 53% / 61%

Für ein umweltfreundlich ausgerüstetes Auto bin ich bereit, etwas mehr Geld auszugeben — 49% / 52%

Ich kaufe nur Getränke in Mehrwegflaschen — 49% / 43%

Produkte mit aufwändiger Verpackung kaufe ich möglichst nicht — 47% / 44%

Für umweltfreundliche Produkte bin ich bereit, mehr auszugeben — 41% / 41%

Ich lasse mein Auto häufiger zu Hause stehen und nehme lieber öffentliche Verkehrsmittel — 20% / 21%

Sich über die Umweltprobleme den Kopf zu zerbrechen hat keinen Sinn, da sich sowieso nichts ändert — 13% / 22%

Ich finde, dass die Umweltproblematik in ihrer Bedeutung aufgebauscht wird — 11% / 15%

■ West ■ Ost

Quelle: Burda, Typologie der Wünsche 92, Grafik: GP Forschungsgruppe

Wirtschaft

Die Licht- und Leitfigur der Ökonomen, Adam Smith, hat in seinem Standardwerk *The Wealth of Nations* (1965) argumentiert, dass das eigennützige Interesse der Kaufleute und Produzenten durch Sozial- politik kanalisiert werden müsse, um der Gerechtigkeit halber und wegen der Versorgung mit öffentlichen Gütern. Die Mikroökonomie des neoklassischen Wirtschaftsmodells kennt dagegen weder Natur- noch Gesellschaftsschranken. Ökonomisches Verhalten zielt auf die Maximierung wirtschaftlichen Ertrags und klammert die Bio- wie die Soziosphäre als Kostenfaktor aus. Gewinnmaximierung wird im Wesentlichen dadurch erzielt, dass man a) die Verwaltungsabläufe verbessert, b) die Produktivität erhöht, c) billiger einkauft, d) teurer verkauft, e) Mitarbeiter entlässt, f) bei der Qualität der Produkte spart, g) die Produktpalette vereinheitlicht, h) Geschäftseinheiten outsourct oder schließt. Die Möglichkeit, teurer zu verkaufen, ist bei vielen Gütern eingeschränkt, aber auf der Klaviatur des verbleibenden Marketing- spektrums wird mit allen Tasten gespielt. Die Verwaltungsabläufe wurden unter dem Stichwort Lean management gewaltig entkernt, was in der Regel damit verbunden ist, dass frei werdende Stellen nicht neu besetzt werden. Die Produktivität konnte durch die Informationstechnik immens erhöht werden. Produktions- und Verwaltungsprozesse wurden verkürzt, vereinfacht, standardisiert und beschleunigt. Produktivität ist die Fähigkeit, durch eine Einheit Arbeit oder Kapital Werte zu schaffen, die über den Produktionskosten liegen. Wurden Wettbewerbsvorteile während der Industrialisierung durch Investitionen in Arbeitskraft erzielt, so werden sie in der Postmoderne primär durch Investitionen in Maschinen oder durch Anlagen auf dem Kapitalmarkt erreicht. Die Wertschätzung des deutschen Facharbeiters hat sich dementsprechend geändert. Wurde er früher aufgrund seines Human-Kapitals, das heißt der Summe aus Ausbildung, Qualifikation und Einsatz, als Unterneh- menswert betrachtet, gilt er heute in erster Linie als Kostenfaktor. Seit Anfang der 80er Jahre des letzten Jahrhunderts stieg die Produktivität schneller als der Absatz und Konsum, die logische Folge waren Entlassungen und ein bis heute stattfindender Anstieg der Arbeitslosigkeit. Als überzeugendes Beispiel für den Produktivitäts- fortschritt kann die Entwicklung der Siemens AG dienen. Seit 1981 wuchs der Umsatz um mehr als das Doppelte von 35 Milliarden DM auf 79 Milliarden DM (1992), die Mitarbeiterzahl stieg dagegen um weniger als ein Drittel von 338.000 (1981) auf 413.000 (1992). In dem gleichen

Zeitraum, zwölf Jahre später, hat die Mitarbeiterzahl geringfügig auf 430.000 zugenommen, der Umsatz hat sich jedoch erneut verdoppelt und beträgt 2004 knapp 81 Mrd. Euro. Die anhaltende Dienstleistungs-entsendungsdebatte in der EU verdeutlicht die Tendenz, Leistungen und Rohstoffe so billig wie möglich weltweit einzukaufen und an unterschiedlichsten Standorten zusammen zu bauen. Die Einzelteile jedes Braun-Rasierapparates werden beispielsweise in Ungarn, Portugal und China produziert und nur noch in Deutschland zusammenmontiert. Der Rückgang in der Qualität der Produkte wird besonders spürbar und offenkundig an der Dienstleistung der deutschen Bundespost. Seit Jahren werden kontinuierlich Post-Filialen geschlossen, was für die Bevölkerung weitere Wege und eingeschränkten Service bedeutet. Von bevölkerungsnaher Versorgung kann nicht mehr gesprochen werden. Das fünfeinhalbtausend Seelen-Dorf Weiler im Allgäu hatte bis Ende 2004 eine eigene Post, jetzt wird die Postarbeit von einer Verkäuferin in der Ecke eines Supermarkts vorgenommen. Die Leer-Zeiten der Post haben sich ebenfalls drastisch verkürzt. Konnte man noch bis Ende der 80er Jahre in München die letzte Post um 23 Uhr am Hauptpostamt abgeben und sicher sein, dass sie am nächsten Tag am Bestimmungsort war, so schließt selbst in der Millionen-Stadt München das Hauptpostamt um 20 Uhr. Hinzu kommt, dass die Dienstleistungen der Post dermaßen standardisiert wurden, dass sie jeder angelernte Arbeiter oder Hilfsarbeiter aus allen Teilen der Welt ausführen kann, aber Beratung kaum noch gegeben ist.

Der Prozess der Standardisierung und Vereinheitlichung von Produktpaletten kann treffend als McDonaldisierung der Gesellschaft bezeichnet werden. Angestachelt von dem finanziellen Erfolg der McDonalds-Kette, bei der jeder Laden weltweit den gleichen Auftritt, das gleiche Aussehen und die gleichen Produkte hat, bemühen sich Autohersteller, Rasierklingenproduzenten, Coffee Shops wie Segafredo und Starbucks, aus Kosten- und Profitsteigerungsgründen um Standardi-sierung, Vereinheitlichung und Modul-Produkte.

Andererseits ist strategisches Nachhaltigkeitsmanagement in Unter-nehmen durchaus verbreitet, wie auch die Vielzahl der Nachhaltigkeits-berichte von Unternehmen bzw. diverse Plattformen wie B.A.U.M., ecosense oder das World Business Council for Sustainability zeigen. Nachhaltigkeitsmanagement in Unternehmen heißt, ein Unternehmen so zu führen, dass neben den ökonomischen Zielen und Interessen der shareholder auch die Ansprüche von Stakeholdergruppen an die sozialen und ökologischen Leistungen des Unternehmens erfüllt werden.

Für das strategische Nachhaltigkeitsmanagement in kleineren und mittleren Unternehmen ist beispielsweise die „Sustainable Balanced Scorecard (SBSC)" entwickelt worden.

BSC-Perspektive Nachhaltigkeits-Dimension	Erfolgs- und Ertragsperspektive	Kundenperspektive	Prozessperspektive	Entwicklungs-perspektive
Ökonomie	1	2	3	4
Soziales	5	6	7	8
Ökologie	9	10	11	12

Abb. 1: Grundstruktur der SBSC-Matrix (Arnold, Freimann, Kurz 2001: 8)

Eine verengte Gewinnmaximierungspolitik konzentriert sich üblicherweise auf das Feld 1, moderne Unernehmensführungen versuchen die Felder 2-4 zu berücksichtigen. Unter dem Stichwort „Corporate Social Responsibility" werden neuerdings die Felder 5-8 für Unternehmen interessant. Die Felder 9-12 reflektieren die eingangs erwähnte IPP, so dass unter Berücksichtigung der Gesamt-Matrix eine nachhaltige und erfolgreiche Unternehmensführung möglich ist. Planungs- und Kontrollfunktionen werden auch hier anhand von Messgrößen und Indikatoren wahrgenommen. Eine Analyse an der European Business School zeigt, dass Unternehmen zur Beurteilung von Nachhaltigkeit knapp 300 unterschiedliche branchenübergreifende Kriterien und rund 150 branchenübergreifende Kennzahlen verwenden (Rat für Nachhaltige Entwicklung 2004).

Mittlerweile haben 90% der international tätigen Konzerne ethische Leitlinien und betrachten ethische Grundsätze als ein Prinzip für das Management, ohne jedoch eine direkte Verbindung zwischen CSR und Kriterien wie Innovationskraft, Eigeninitiative und Flexibilität zu sehen.

Es gibt einige Verbände wie z.B. das „International Network for Environmental Management (INEM)" oder den „Bundesdeutschen Arbeitskreis für umweltbewusstes Management (B.A.U.M.)", die sich dafür aussprechen, dass a) eine integrierte Produktpolitik betrieben wird und b) die Verantwortung für den Umweltschutz in das strategische Management von Firmen einbezogen werden soll.

Zu beobachten ist in jedem Fall eine Zunahme umweltorientierter Werbung und zielgruppenspezifischer Ansprache. Es wird die Verantwortung des Unternehmens im Sinne der CSR dargestellt, um zusätzliche Reputation zu erwerben. Auf den Einsatz nachhaltiger Energiequellen und Ressourcenschonung wird ebenso hingewiesen wie auf ‚Public-Private-Partnerships' zur Bekämpfung der Armut und sozialer Ungerechtigkeit. Anzeigen und Werbekampagnen versuchen auch, durch den Hinweis auf den Nutzen nachhaltigen Konsumverhaltens Konsummuster zu ändern. Werbung für Nachhaltigkeit und CSR darf jedoch nicht missverstanden werden als ‚Green washing', eine moderne Form des „Wein trinken und Wasser predigen".

Nachhaltige Markenpolitik kann im Wesentlichen auf vier verschiedene Typen des emotionalen Nutzens aufgebaut werden: a) Wohlgefühl, b) Selbstdarstellung durch sozial wahrnehmbaren Konsum, c) emotionale Nähe zur Natur, d) Verstärkung der Überzeugung, das Richtige zu tun.

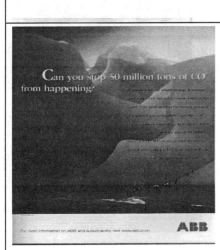

Promoting sustainable energy

UNEP Division of Technology, Industry and Economics - www.uneptie.org

Fostering public/private partnerships

UNEP Division of Technology, Industry and Economics - www.uneptie.org

Changing consumption (and production) patterns

UNEP Division of Technology, Industry and Economics
www.uneptie.org

Moral

Die UN-Weltdekade „Bildung für nachhaltige Entwicklung" zeigt, dass die Hoffnung auf eine verstärkte und verbesserte Orientierung auf nachhaltiges Verhalten hin – wie so oft – in der Jugend liegt. Schockierende Realität ist jedoch, dass der durchschnittliche US-Amerikaner über 1000 Firmenlogos identifizieren, aber nur 10 Pflanzen namentlich benennen kann. Es gilt somit eine neue Moral zu etablieren, eine an dem Gedanken der nachhaltigen Entwicklung orientierte Moral. Moral reguliert jenseits von Gesetzesnormen die interaktionalen Handlungen zwischen Menschen und zwischen Menschen und Organisationen. Moral stützt sich dabei auf als verbindlich akzeptierte und in der Regel eingehaltene Standards, Einstellungen und Wertorientierungen. So gesehen gibt es zwar eine Nachhaltigkeitsmoral, aber keine allgemein akzeptierte und verbindliche Moral, die Nachhaltigkeit bzw. nachhaltiges Verhalten fordert. Die Kenntnis der Firmenlogos spricht dafür, dass die Majorität der Jugend bereits dem Werbe- und Marketingdruck der Produzenten und des Handels mit deren Maxime des ‚Mehr', ‚Größer', ‚Besser', ‚Schöner', ‚Schneller', ‚Stärker' erlegen ist.

Dies liegt aber nicht daran, dass nachhaltiges Verhalten nicht hinreichend kommuniziert wird. Jeden Tag gibt es in Deutschland Seminare und Workshops, die sich mit dem Thema Nachhaltigkeit befassen. Jeden Tag sind die Gazetten voll von Nachrichten, die im Zusammenhang mit ökonomischen, ökologischen oder sozialen Problemen und Katastrophen stehen. Aber diese Informationen werden verdrängt wie die Warnhinweise auf den Zigarettenschachteln, dass Rauchen gefährlich und Krebs erregend ist. Mittlerweile werden von Philip Morris den Zigarettenschachteln wie Medikamentenpackungen Beipackzettel beigelegt, auf denen vor den Folgen des Rauchens gewarnt wird: „Rauchen verursacht zahlreiche schwere und tödliche Krankheiten, einschließlich Lungenkrebs, Herzerkrankungen und Emphyseme.... Glauben Sie nicht, dass das Rauchen sich nicht auf ihre Gesundheit auswirkt. Es gibt keine ungefährliche Zigarette." Diese Beipackzettel sind ein Musterbeispiel für paradoxe Kommunikation und die Risikoausblendung durch die Konsumenten. Das eingangs erwähnte Vorsorgeprinzip wird fahrlässig verletzt, Hersteller und Marketing übernehmen nicht die Verantwortung, sondern bürden sie dem „mündigen" Bürger auf. Deshalb ist es zwingend notwendig, das Wissen über Risiken, Gefährdung und Nachhaltigkeit in wirkliches Verständnis umzuwandeln, das dann auch eine Verhaltensänderung hervorruft. Erziehung zur Nachhaltigkeit ist deshalb eine große Herausforderung für alle Nationen. Dafür werden innovative Erziehungsprogramme benötigt. Nachhaltigkeit ist ein Thema der sozialen und kulturellen Transformation, und nicht nur Gegenstand der besseren technischen Effizienz oder der verbesserten Information in Form von Öko-Labels.

Druck in Richtung auf eine bessere Durchsetzung des Nachhaltigkeits-gedankens kann auch durch Rating-Verfahren ausgeübt werden. Anders als private Banken haben beispielsweise öffentliche Finanzinstitutionen einen gemeinnützigen Leistungsauftrag. Ihr Geschäftszweck soll stets im Interesse der Allgemeinheit liegen, dazu gehört auch die Prüfung der Umwelt- und Sozialverträglichkeit von geförderten Projekten. Die Weltbank, die Bank des Europarats (CEB), die Asian Development Bank und die European Bank for Reconstruction and Development (EBRD) gelten nach einer Studie der Bank Sarasin in dieser Hinsicht als vorbildlich.[7]

Auch die Beurteilung von Nachhaltigkeitsberichten der großen Unternehmen kann einen entsprechenden moralischen Druck ausüben, wenn Kriterien wie „Ökologische Aspekte der Produktion", „Soziale Verantwortung im Umfeld" oder „Interessen der Mitarbeiter" einbezogen werden. Jeder vierte deutsche Konzern unter den 150 größten Unternehmen legt keinen Umwelt- oder Nachhaltigkeitsbericht vor. Nur jeder zweite behandelt in seinen Berichten Umweltthemen, nur jeder dritte auch soziale Fragen.[8] Auch wenn sich Unternehmen ethisch und nachhaltig orientierte Leitbilder geben, darf nicht vergessen werden, dass es sich bei den Verhaltenskodizes von Konzernen um keine demokratisch verabschiedeten Gesetze handelt. Im Gegenteil, diese Verhaltenskodizes verleihen ihnen die Macht, ihr eigenes privates Rechtssystem zu entwerfen und gegen sich selbst als Ermittler und Polizisten aufzutreten. Naomi Klein (2001) bezeichnet diese freiwilligen Kodizes für moralisches Verhalten als entsetzlich schlüpfrige Kreuzungen von Werbetext und Kommunistischem Manifest. Nachdem *Nike* („Du kannst es schaffen") öffentlich wegen seiner Niedrigstlohnpolitik in Indonesien kritisiert wurde, hat das Unternehmen dort bußfertig die Löhne erhöht - und gleichzeitig die Produktion aus den Philippinen in das unüberwachte China verlegt.

---

[7] Pressemitteilung vom Februar 2005 der Bank Sarasin www.sarasin.ch
[8] Pressemitteilung vom 22.2.2005 www.umweltdialog.de

Nachhaltigkeit ist ein Programm des großen Wandels. Der Rückgang der natürlichen Ressourcen und die Aktivitäten der NGOs werden den Druck auf nachhaltige Entwicklungen erhöhen, während Nachhaltigkeitsratings und die Investitionen von Pensionskassen in Nachhaltigkeitsfunds die Nachfrage nach nachhaltigen Produkten steigern werden. Das Volumen der 112 Publikumsfonds des nachhaltigen Investments in Deutschland, Österreich und der Schweiz hat Ende 2004 5,3 Mrd. Euro betragen. In den USA sind mit rund zwei Billionen Dollar bereits zehn Prozent des gesamten Anlagevermögens in nachhaltige Anlageprodukte investiert.[9] Die börsennotierten Unternehmen in Deutschland stehen dem Markt für nachhaltigkeitsorientierte Investments mit einer Mischung aus Aufgeschlossenheit und Unsicherheit gegenüber. Mehr als drei Viertel der befragten Unternehmen sehen grundsätzlich einen positiven Zusammenhang zwischen ihren Aktivitäten im Umwelt- und Sozialbereich und ihrem langfristigen Unternehmenswert. Knapp die Hälfte ist an der Aufnahme in einem entsprechenden Nachhaltigkeitsfond oder -index interessiert. Ein Großteil der Unternehmen geht zudem davon aus, dass ihre Verantwortung im sozialen und ökologischen Bereich noch zunehmen wird.[10] Die Nachhaltigkeitindizes weisen keine einheitliche Struktur auf und haben unterschiedliche Ausschlusskriterien. Im Dow Jones Sustainability Index (DJSI) finden nur die Unternehmen Einlass, die in ihrer Branche in Bezug auf Nachhaltigkeit führend sind. Beim FTSE4Good-Index der Financial Times sind - im Gegensatz zum DJSI - problematische Branchen wie Alkohol, Tabak, Glücksspiel, Rüstung, Waffen und Atomenergie von vornherein ausgeschlossen. Den strengsten Ansatz verfolgt der Natur-Aktien-Index (NAI). Der 25 Werte umfassende Index schließt nicht nur problematische Werte aus, sondern setzt ausschließlich auf Unternehmen, die in ökologischer, ethischer oder sozialer Hinsicht herausragen.

---

[9] Pressemitteilung vom 11.12.2004 des Hamburger Abendblatts.
[10] Pressemitteilung vom 30. 6. 2003 www.gruenesgeld.at

Tabelle: Natur-Aktien-Index

Unternehmen	Land	Branche
Body Shop	Großbritannien	Kosmetik
Boiron	Frankreich	Homöopathie
BWT	Österreich	Wasseraufbereitung
East Japan Railway Company	Japan	Schienenverkehr
Energy Conversion Devices (ECD)	USA	Energiespeicherung
FannieMae	USA	Finanzdienstleistungen
Gaiam	USA	Ökoprodukte
Gambro	Schweden	Medizintechnik
Grontmij	Niederlande	Consulting
Höganäs	Schweden	Metallverarbeitung
Interface	USA	Bodenbeläge
Kadant	USA	Papierrecycling
Kurita Water Industries	Japan	Wassermanagement
Mayr-Melnhof Karton	Österreich	Verpackung
Ricoh	Japan	Büromaschinen
Severn Trent	Großbritannien	Wasserversorgung
Shimano	Japan	Fahrradkomponenten
Solarworld	Deutschland	Fotovoltaik
Starbucks	USA	Einzelhandel
Steelcase	USA	Einrichtungsgegenstände
Svenska Cellulosa	Schweden	Papier
Tomra Systems	Norwegen	Pfandflaschengeräte
Transmeta	USA	Mikroprozessoren
Triodos Groenfonds	Niederlande	Umweltfinanzierung
Vestas Wind	Dänemark	Windturbinen

An den Unternehmen, die in dieser Tabelle aufgeführt sind, sieht man, dass es einen eindeutigen Markt für nachhaltige Produkte (Kosmetik Body Shop oder Büromaschinen Ricoh) gibt. Im Nahrungsmittelbereich (Basic, Demeter, Bioland) sind Angebot und Nachfrage schon stark ausgeprägt.

Insgesamt bedienen die Unternehmen diesen Markt jedoch nur zögerlich, da ihr vorhandenes Produktfolio sich weiterhin gut verkauft. Katastrophales Beispiel für diese Mentalität ist die Auslieferung von HIVinfizierten Blutkonserven in Frankreich gewesen, zu einem Zeitpunkt als die Kontamination bereits bekannt war. Mindestens 1000 Menschen sind aufgrund dieses Profitdenkens mit dem Virus infiziert worden. Für Unternehmen ist Profiterzielung auch das stärkste Stimulans, um sich nachhaltigen Produkten zuzuwenden. Wenn Firmen verstehen, dass sie durch die Produktion nachhaltiger Güter ihre Profitraten halten oder gar verbessern können, dann werden sie es tun. Die Firma Shell hat dies offenbar verstanden: „Shell believes that a commitment to sustainable development is a key contributor to business success because it adds value to the company, not least by being a major contributor to the reputation of the business. ... Reputation is now an essential weapon in the armoury of global corporations".[11] Die Reputation führt nicht nur zur Aufnahme in die o.g. Indizes (FTCRI, DJSI), sondern dient auch als Reservoir des guten Willens, der solchen Unternehmen in Krisenzeiten entgegengebracht wird.

Eine weitere Steigerung der Arbeitsproduktivität bei gegenwärtig bereits übersättigten Wirtschaftsmärkten, in denen ein harter Verdrängungswettbewerb tobt, ist nicht mehr sinnvoll. Das Ziel müsste jetzt Ressourceneffizienz und Suffizienz (Genügsamkeit) oder Konsistenz (Entwicklung ökologisch dauerhaft verträglicher Basisinnovationen) sein.

Für diese Ziele liegen bereits ökologische Kenngrößen vor. Der ‚ökologische Fußabdruck' berechnet sich beispielsweise nach der so genannten PAT-Formel (*P*opulation, *A*ffluence, *T*echnology, vgl. Ehrlich/Ehrlich 1991): Bevölkerungsgröße mal Wohlstand (Pro-Kopf-Verbrauch) mal ein bestimmtes Maß für den technologischen Bedarf zur Erhaltung des Konsumstandards. In den USA liegt dieser Fußabdruck bei fünf Hektar fruchtbarer Erde pro US-Amerikaner, in den meisten Entwicklungsländern bei weniger als einem halben Hektar. Um die ganze Welt mit heutiger Technologie auf den Stand der USA zu heben, bedürfte es des dreifachen Umfangs der Erde.

Eine Effizienzrevolution könnte einen Ausweg aus diesem Dilemma darstellen. Das „Faktor 4"-Konzept geht davon aus, dass mit halbem Ressourceneinsatz die doppelte Effizienz erreicht werden kann (Weisäcker et al. 1995). In die gleiche Richtung geht Hans-Peter Dürr, wenn er die „1,5 kW-Gesellschaft" vorschlägt, das heißt, dass jeder Mensch maximal 13.000 Kilowattstunden im Jahr verbrauchen darf (Dürr

---

[11] Darren Lewis, Daniel Bianchini: Corporate Reputation and Sustainable Development. Business partnership in action. Paper eingereicht für die Konferenz "Responsible Marketing", Berlin, Mai 2004.

95

1995). Bis heute geht es in der Ökonomie um die Steigerung der Arbeitsproduktivität, eine Orientierung, die sinnvoll war, als das Leben auf der Erde noch hart und mühselig war und die Weltbevölkerung bei 1,5 Mrd. Menschen lag.

Es stellt sich die Frage, wie wirtschaftliche Wettbewerbsfähigkeit, knapper Ressourcenverbrauch, stabile politische Rahmenbedingungen und soziale Gerechtigkeit miteinander zu verbinden sind. Die Verknüpfung dieser Ziele in einer transnational vernetzten Gesellschaftswelt stellt alle Akteure vor immense intellektuelle, emotionelle und moralische Anforderungen.

Wir brauchen soziale Innovationen. Dazu gehören auch Konzepte der Selbstbegrenzung, Begrenzung der Managergehälter, Bemessung von Gehältern daran, dass sie Arbeitsplätze erhalten, durch moderne Informationstechnologie Überprüfung der sozialen und ökologischen Eigenschaften von Waren, regelmäßige Testergebnisse über das Engagement von Unternehmen zum Thema CSR, Nachhaltigkeitsrating für börsennotierte Unternehmen, kommunales Nachhaltigkeitsmanagement.

Notwendig ist deshalb ein Besinnen auf die Verantwortungsethik. Dieser von Max Weber geprägte Begriff enthält eine klare Maxime: Handele nicht, ohne die Folgen deines Tuns für die Gesellschaft bedacht zu haben. Pflichtgefühl allein ist nicht ausreichend, es müssen auch die vorhersehbaren Folgen in Betracht gezogen werden. Hans Jonas geht sogar so weit zu fordern, dass Verantwortung die Pflicht derjenigen ist - seien es Politiker oder Wirtschaftsführer -, die Macht ausüben. Rupert Lay wird deshalb nicht müde zu betonen: „Kapital und Arbeit sind zwar juristisch gleichrangig, nicht aber, wegen der verschiedenen Nähe zur Erhaltung und Entfaltung personalen Lebens, ethisch gleichwertig". (Lay 1996:203)

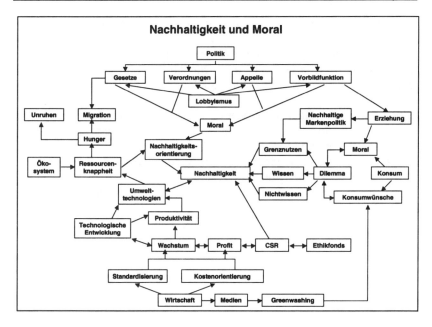

Grafik: GP Forschungsgruppe 2005

Literatur

Stefan Böschen, Michael Schneider, Anton Lerf (Hg.): Handeln trotz Nichtwissen. Vom Umgang mit Chaos und Risiko in Politik, Industrie und Wissenschaft. Campus. Frankfurt 2004
Volker Hauff (Hg.): Unsere gemeinsame Zukunft. Der Brundlandt-Bericht der Weltkommission für Umwelt und Entwicklung. Eggenkamp Verlag. Greven 1987
Deutscher Bundestag: Stichwort Nachhaltigkeit. Enquete-Kommission: Schutz des Menschen und der Umwelt. Ziele und Rahmenbedingungen einer nachhaltig zukunftsverträglichen Entwicklung. Berlin 2000
Rat für Nachhaltige Entwicklung: Momentaufnahme Nachhaltigkeit und Gesellschaft. Texte Nr. 8, Berlin 2004
Rupert Lay: Ethik für Manager, Econ 1996
Hans Jonas: Theorie der Verantwortung. Suhrkamp 1984

Max Weber: Gesinnungsethik und Verantwortungsethik. Kröner Verlag 1968

Naomi Klein: No Logo! Riemann Verlag. München 2001

Dieter Korczak: Shareholder-Value-Orientierung und Lebensqualität. In: planung & analyse. Zeitschrift für Marktforschung und Marketing, 2/99, S. 38-44

Dieter Korczak: Geld und Moral. In: Günther Lüschen (Hg.): Das Moralische in der Soziologie. Westdeutscher Verlag. Opladen/Wiesbaden 1998, S. 207-218

Donatella & Dennis Meadows, Jorgen Randers, William W. Behrens III.: Die Grenzen des Wachstums, DVA, Stuttgart 1972

Donatella & Dennis Meadows: Die neuen Grenzen des Wachstums, DVA, Stuttgart 1992

WERNER THEOBALD

Umweltbewusstsein und Verhalten. Wie weit tragen umweltethische Konzepte?[1]

Der amerikanische Psychologe L. Bickman führte vor gut 30 Jahren folgendes Experiment zum Umgang mit Abfall durch:[2] Vor einer College-Bibliothek wurde mitten auf dem Fußweg eine zerknüllte Zeitung auf den Boden gelegt. Sie war so platziert, dass Fußgänger darüber steigen oder um sie herum gehen mussten – es war also garantiert, dass die Vorbeikommenden auf den Abfall aufmerksam wurden. Ein Papierkorb stand in unmittelbarer Nähe. Jede fünfte Person, die vorbei ging, wurde zehn Meter weiter von einem Mitglied der Forschergruppe Bickmans angehalten. Man erklärte, dass man im Rahmen eines Ökologiekurses Interviews über das Abfallverhalten durchführe. Die entscheidende Frage, die den Passanten im Verlauf der Interviews gestellt wurde, lautete: „Wenn Müll auf dem Boden liegt, sollte es dann in die Verantwortung aller fallen, den Müll aufzuheben, oder sollte dies die Angelegenheit der städtischen Straßenreinigung sein?" 94% der Befragten antworteten, dass es in die Verantwortung aller fallen sollte, den Müll aufzuheben. Insgesamt wurden 506 Personen auf diese Weise befragt. Von ihnen hatten nur 8 Personen, d.h. ganze 1,4% tatsächlich den Müll aufgehoben.

Das Alltagsverständnis von „Umweltbewusstsein" spiegelt – ebenso wie die gängigen Vorstellungen der Umwelterziehung und Umweltpolitik – eine einfache Aufklärungsidee: Aus Wissen wird Einsicht und daraus das richtige Verhalten. Kurz: „Vernunft wird siegen."[3] Die sozialwissenschaftliche Umweltbewusstseinsforschung hat nun untersucht, wie stark diese angenommene „Macht der Vernunft" im Bereich des Umweltschutzes wirklich ist. Sie förderte – analog zu dem soeben geschilderten

---

[1] Überarbeitete und erweiterte Fassung eines Leitartikels in der Zeitschrift *Umweltwissenschaften und Schadstoff-Forschung*: „Umweltethik und die Realität des Umwelthandelns am Beispiel Klimaschutz" (UWSF 16 (4) 2004: 219-222).

[2] Bickman (1972).

[3] Haan/Kuckartz (1996), 103f.

Experiment – ein ernüchterndes Ergebnis zu Tage. Nahezu alle Studien, die in nationalen Kontexten wie im internationalen Vergleich durchgeführt wurden, zeigen, dass *faktisch* keine sonderlich hohe Korrelation zwischen dem *Wissen*, das man über Umweltprobleme hat, der daraus resultierenden *Einsicht* in nötige Verhaltensänderungen und dem *Umweltverhalten* selbst besteht. Die stärkste Beziehung besteht noch zwischen der sog. Handlungs*bereitschaft* und dem Umweltverhalten, das heißt, wer die *Absicht* bekundet, sich durch seine Handlungen für die Umwelt *einzusetzen*, *verhält* sich auch umweltgerechter als jemand, der diese Absicht nicht äußert (obwohl man auch hier, wie das eingangs zitierte Beispiel zeigt, seine Zweifel haben kann).

Betrachten wir einige deutschlandspezifische Zahlen und Fakten. Die Bundesdeutschen rangieren, so international vergleichende Umfragen, in der Spitzengruppe der umweltbewussten Länder.[4] Was die Einschätzung der Frage angeht, ob Umweltprobleme ein sehr ernstes Problem im eigenen Land seien, belegen sie zusammen mit Süd-Korea sogar Platz 1.[5] Repräsentative Untersuchungen zum Umweltbewusstsein in Deutschland sagen aus:[6]

- dass das Umweltbewusstsein in Deutschland kontinuierlich zugenommen hat
- dass das Thema Umwelt zu den wichtigsten Themen der Zukunft gerechnet wird
- dass die Bevölkerung zunehmend aufmerksam ist gegenüber Risiken und Gefährdungen, die durch die Umwelt verursacht werden und
- dass der Umweltschutz nicht nur als eine Aufgabe staatlicher Politik angesehen wird, sondern die überwiegende Mehrheit glaubt, selbst direkt etwas zur Verbesserung der Umwelt beitragen zu können.

Diesen durchweg positiven Einstellungen zum Thema Umweltschutz steht ein z.T. deutlich abweichendes Verhalten gegenüber, das oft

---

[4] Haan/Kuckartz (1996), 63.

[5] Haan/Kuckartz (1996), 65. Daran ändert auch nichts, dass das Thema Umweltschutz neusten Umfragen zufolge hinter die Problemfelder „Arbeitsmarkt" und „wirtschaftliche Lage" auf Platz 3 zurückgefallen ist (BMU 2004, 15). Als „sehr ernstes Problem" gelten die Umweltprobleme nach wie vor.

[6] Nach Haan/Kuckartz (1996), 70.

bereits auf der Ebene der Verbalisierung der Handlungsbereitschaft anklingt. So stufen zwar nahezu 90% der bundesdeutschen Bevölkerung es als „sehr wichtig" ein, die Umwelt vor Verschmutzung zu bewahren[7] und knapp 70% glauben, dass ein globaler Temperaturanstieg für sie „sehr" bzw. „extrem gefährlich" sei,[8] aber nur weniger als 20% sind bereit, weniger Auto zu fahren[9] – obwohl sie *wissen*, dass die durch das Autofahren entstehenden CO_2-Emissionen die Umwelt verschmutzen und den Treibhauseffekt wesentlich mit bewirken. Die Bereitschaft, weniger Auto zu fahren, rangiert in Deutschland sogar noch hinter der hypothetischen Bereitschaft, finanzielle Opfer für die Erhaltung des Regenwaldes zu erbringen.[10]

Nun ist es aber hauptsächlich der Verkehrssektor, der der Umweltpolitik Sorgen bereitet.[11] Zwischen 1990 und 2000 war hier ein Anstieg der ohnehin schon beträchtlichen CO_2-Emissionen um weitere 12,8% festzustellen, und nach neuesten Untersuchungen wird der CO_2-Ausstoß des Straßenverkehrs in der BRD noch bis über das Jahr 2010 hinaus zunehmen.[12] Selbst relativ niedrig aufgehängte Klimaschutzziele, die ohnehin in diesem Zeitraum als kaum erreichbar gelten, werden vor allem im Verkehrssektor deutlich verfehlt.[13] Der Politik sind hier Grenzen gesetzt. Die ökologische Steuerreform, die kurzfristig (1999 bis 2001) einen Rückgang des Treibstoffabsatzes bewirkte und ein geschätztes Minderungspotenzial in Höhe von 6 bis 8 Mio. t CO_2 generierte, ist ständiger Kritik ausgesetzt und daher kaum weiter verschärfbar; ein Benzinpreis von 2,5 bis 3 Euro pro Liter gar, der notwendig wäre, um die externen Kosten des Straßenverkehrs aufzufangen, schlichtweg nicht realisierbar[14] – keine Regierung, gleich welcher Couleur, würde eine derartige Maßnahme überstehen.

Die am Beispiel des Verkehrsverhaltens besonders auffällig werdende Diskrepanz von Einstellung und Verhalten im Bereich des Umwelt-

---

[7] Haan/Kuckartz (1996), 71.

[8] Haan/Kuckartz (1996), 69.

[9] Haan/Kuckartz (1996), 81.

[10] Ebd.

[11] SRU (2002), 223.

[12] SRU (2002), 222.

[13] SRU (2002), 223.

[14] Der sog. „Magedeburger Fünf-Mark-Beschluss", Teil des Wahlprogramms der GRÜNEN für die Bundestagswahl 1998, dezimierte (selbst) deren Wählerschaft um 50 (!) Prozent (vgl. Arzheimer, Klein 1999).

schutzes resultiert, wie man inzwischen weiß, vor allem daraus, dass die Gewohnheiten des einzelnen, sein Lebensstil, seine Bequemlichkeit und sein Bedürfnis nach spontanem Wohlbefinden ihn an einem umweltgerechten Verhalten hindern.[15] Der Geist ist sozusagen willig, das Fleisch dagegen schwach. Nun wurde bereits in der antiken Moralphilosophie die Frage diskutiert, wie jemand wissentlich gegen das „Beste" handeln kann bzw. wie es möglich ist, dass man trotz richtiger Ansichten gegen das als „gut" und „richtig" Erkannte verstößt. Die klassische Antwort auf dieses sog. Akrasia-Problem stammt von Aristoteles und lautet: Wenn jemand wider Wissen „gegen das Beste handelt, so ist er nicht im Besitze klaren Wissens, sondern er hat nur eine Meinung." Um „bloße Meinung und nicht klares Wissen" handele es sich, wenn es nicht ein „entschiedenes Urteil", sondern ein „nachgiebiges" sei, das „von der Lust überwältigt wird."[16] Diese These enthält in Bezug auf unser Thema einiges an Wahrheit; denn es hat sich gezeigt, dass die sog. „ökologisch Entschiedenen" in der Tat nach ihrer Einstellung handeln und dass bei ihnen die ansonsten verbreitete Tendenz nicht anzutreffen ist, die guten Vorsätze der „Lust", dem Bedürfnis nach Bequemlichkeit und Wohlbefinden, zu opfern.[17]

Nun könnte man auf den Gedanken kommen, dass das philosophische Unternehmen einer Umweltethik, das seit Jahren unter Hochdruck betrieben wird, die bei den meisten Menschen anzutreffende Diskrepanz zwischen Einstellung und Verhalten im Bereich des Umweltschutzes überwinden helfen könnte. Erklärtes Ziel der Umweltethik ist es ja, Handlungsnormen zu begründen, sie zu *fundieren*, so dass man die Erwartung hegen könnte, dass auf diese Weise jene „nachgiebigen" Einstellungen, von denen Aristoteles spricht, in „feste", „entschiedene" Einstellungen überführt werden könnten. Letzteres sollte, so könnte man meinen, möglich sein durch den „zwanglosen Zwang" guter Argumente, auf den die umweltethische Reflexion setzt. Schauen wir uns also ein einschlägiges Beispiel umweltethischer Reflexion einmal an. Ich beziehe mich wieder auf den Klimaschutz, da er zu den vorrangigen und dringlichen Aufgaben des Umweltschutzes gehört.[18]

Klimaschutz, darüber sind sich die meisten Umweltethiker einig, impliziert Verpflichtungen gegenüber zukünftigen Generationen. Wie

---

[15] Haan/Kuckartz (1996).

[16] Aristoteles, *Nikomachische Ethik* VII 3, 1145b 34 – 1146a 1.

[17] Theobald (1998), 384.

[18] Siehe SRU (2002), 210.

solche Verpflichtungen *begründet* werden können, ist jedoch in höchstem Maße strittig.[19] Je nach Begründungsansatz bzw. ethischem Modell variieren die Argumente und Optionen, und es gibt sogar Ansätze, die – mit (ihrer Meinung nach) „guten" Gründen – bestreiten, dass wir überhaupt Verpflichtungen gegenüber zukünftigen Generationen hätten. Diese sog. „No obligation"-Argumente beruhen im wesentlichen auf folgenden Überlegungen:[20]

- Wir wissen nicht genau, wer zukünftige Menschen *sein* und was sie *wollen* werden; d.h. wir kennen ihre Bedürfnisse und Interessen nicht genau genug, um zu wissen, welche Hinterlassenschaften wir ihnen schuldig sind.
- Rechtsansprüche *gründen* in Bedürfnissen und Interessen. Wo diese aber nicht genau identifizierbar sind, gibt es keine konkreten Rechtsansprüche und daher auch keine konkreten Pflichten.
- Als *abstrakte* Pflicht gegenüber zukünftigen Personen könnte man zwar die Pflicht annehmen, zukünftige Personen zur Existenz zu bringen; wenn aber diese „Hervorbringungspflicht" nicht geteilt wird – was wahrscheinlich ist, da sie absurd klingt –, entfallen niederrangige Pflichten wie bspw. die Hinterlassenschaft einer intakten Umwelt.
- Moralisch falsch handeln wir nur, wenn jemand *Bestimmtes* geschädigt wird. Das aber ist in Bezug auf zukünftige Generationen nicht der Fall. Es gibt somit keine „Opfer", und wo es keine Opfer gibt, da gibt es auch keine Pflichten für ein bestimmtes moralisches Verhalten.

So streitbar diese Thesen und Argumente auch sein mögen, es bedarf z.T. erheblichen Scharfsinns, sie zu entkräften. Dies aber koppelt zurück bzw. verstärkt den Eindruck, dass Umweltethik *insgesamt* ein höchst disparates Unternehmen ist – ein Unternehmen, das charakterisiert werden kann als das Ringen um die „richtige" Ethik im Bereich des Umweltschutzes. Da diese aber sehr umstritten ist, kann von der Umweltethik die erhoffte „Sicherungsleistung" nicht ausgehen; jene „nachgiebigen" Einstellungen, von denen die Rede war, können durch sie *nicht* in „feste", „entschiedene" Einstellungen überführt werden.

---

[19] Ott (2002), 151ff.
[20] Nach Ott (2002), 153 u. 157.

Ein Zweites kommt hinzu: Moralische Argumente, *sie mögen noch so gut theoretisch begründet sein*, bewirken nicht *per se* Einstellungs-änderungen von der Art, dass sie ein konsequentes Handeln nach sich zögen. Augustinus, einer der ersten Argumentationstheoretiker, hat dies in aller Klarheit erkannt. Er sagte: Damit „sittliche" Argumente, also Argumente, die darauf aus sind, ein bestimmtes Verhalten zu bewirken, damit *solche Argumente* ihr Ziel auch erreichen, dürfen sie nicht nur *rational* überzeugen, sondern sie müssen ihre Adressaten auch „rühren".[21] Bzw. mit anderen Worten: Moralische Argumente müssen, damit sie *handlungsleitend* werden, auch *emotionale* Schichten ansprechen. Nur bzw. erst Emotionen öffnen den Menschen und machen ihn empfänglich.

Nun hat die Moderne ein überaus zwiespältiges Verhältnis zum Gefühl. Einerseits, in ihren ethischen Fundamenten auf ihm beruhend, verdankt sie ihm (nahezu) alles. Ohne die Aufwallung des Protests, ohne die „Parteinahme des Gefühls" (Jonas), würde es so etwas wie die Menschenrechte nicht geben. Es war das Gerechtigkeits*gefühl*, das die Menschen 1789 für „Freiheit, Gleichheit und Brüderlichkeit" auf die Barrikaden gehen ließ; keine noch so gut begründete moralphilosophische bzw. ethische Theorie hätte dies zu leisten vermocht. Andererseits ist die Moderne, entsprechend ihrem aufklärerischen Grundimpetus, extrem gefühlsskeptisch bzw. -aversiv eingestellt. Sie setzt, wie eingangs gesehen, auf die „Macht der Vernunft".

Diese Abwertung des Gefühls zeigt sich auch auf der Ebene ethischer Reflexion. Emotionen wird nur in eingeschränktem Maße eine ethische Bedeutsamkeit zugestanden, insofern sie (analog zur Rolle von Daten im Rahmen *empirischer* Theorien) dazu dienen können, *Moraltheorien* zu *falsifizieren* – bspw. dann, wenn solche Theorien sog. „kontraintuitive Konsequenzen" haben[22]; in *„positivem* Verstande", um an eine Formulierung Kants anzuknüpfen, wird ihnen aber ethische Bedeutsamkeit weitgehend aberkannt. Wer sich im Rahmen umweltethischer Überlegungen von Emotionen oder gar Intuitionen leiten lässt, gilt als naiv, unreflektiert oder sentimental (Birnbacher 1998).

Nun kann man beobachten, dass es eine Reihe von Emotionen – genauer: Intuitionen – gibt, die im Zuge der modernen Umweltkrise aufkamen und die potentiell in der Lage wären, diese Krise

---

[21] Augustinus (1925), 187.

[22] Siehe z.B. Bayertz (1988), 95; Krebs (1997), 349.

abzuschwächen, stünden sie nicht unter dem genannten Verdikt. Es handelt sich dabei um Intuitionen, die der Natur einen „Eigenwert" zubilligen, der dazu auffordert, schonender mit ihr umzugehen. Die für die Moderne charakteristische *Abwertung des Gefühls* führt jedoch dazu, dass solche potentiell umweltschützerischen „Instinkte" *verdrängt*, ja, oft noch nicht einmal *bewusst* werden. *Dass* es sie aber gibt, und zwar in hohem Maße, zeigt bspw. die Analyse von Bildern, die in den Medien (nicht selten in der Werbung, denn sie arbeitet ja mit dem Unbewussten) verwendet werden. Jeder kennt die berühmte Bier-Werbung, die vor jedem „Tatort" oder vor der Übertragung eines bedeutenden Sportereignisses über den Bildschirm flimmert und ein Stück heiler Natur zeigt – unterlegt mit den sphärischen Klängen von Musik, in der Gefühle wie Sehnsucht und Wehmut anklingen. Die Wirkung solcher Bilder besteht darin, dass sie ein archaisches Verhältnis zur Natur reanimieren, in dem sich der Mensch *eins* fühlt mit der Natur. Dieses Naturverhältnis hat seine Wurzeln im mythischen Denken.[23] Es lebt, obwohl weitgehend verdrängt, in uns fort, und in diesem Denken besitzt die Natur einen *Eigenwert*. Denn, mythisch gesehen, wird die Natur als eine Art *Wesen* aufgefasst, als etwas *Personales*, weswegen der Mensch sich auch eins fühlen kann mit ihr.

Der Sozialanthropologe Schuller hat erkannt, dass gerade in unserer Zeit eine unterschwellige Sehnsucht nach solcher Natur besteht. Da diese Sehnsucht aber verdrängt werde, mutiere sie zu einem „stummen Muster".[24] Am Beispiel des folgenden Bildes läßt sich ein solches „stummes" Muster zur Sprache zu bringen:

---

[23] Vgl. dazu ausführlich Theobald (2003).
[24] Schuller (1993).

Was man hier sieht, ist ein Foto, das vor nicht allzu langer Zeit in der „taz" veröffentlicht wurde. Es illustrierte einen umfangreichen Zeitungsartikel, der anlässlich der Einrichtung der ersten Professur für Umweltethik in Deutschland erschien. Im Textteil dieses Artikels ist die Rede von „ethischen Investitionen", von „Bewertungsmodellen", „Abwägungsproblemen" und „ethischen Dilemmata", die sich aus den unterschiedlichen Nutzungsansprüchen an die Natur ergeben. Der Leser wird mit dem Faktum der drohenden Klimakatastrophe konfrontiert, er erfährt etwas vom globalen Waldsterben, dringend gebotenem Ressourcenschutz, und er hört schließlich von einem Konsens der Ethiker und der Gesellschaft, dass im Umweltschutz ein Niveau begründet werden müsse, welches oberhalb des heute existierenden liegt. Über all dem steht in großen Lettern: *„Schlechter darf es nicht werden".*

Zu diesem „verbalen Aufmacher" steht sein visuelles Pendant – das Foto überspannte den Zeitungsartikel fast halbseitig – in krassem Gegensatz. Zeigt es doch keineswegs eine bis an den Rand des Belastbaren zivilisatorisch ge- oder übernutzte Natur, sondern eher ein Stück „freier" Natur, eine naturnahe Landschaft, die als Beispiel dafür gelten könnte, wie technische Zivilisation und gewachsene Natur halbwegs harmonisch aufeinander abgestimmt sein können. Es handelt sich um ein *Landschaftsschutzgebiet* im Süden Deutschlands.

Bezeichnenderweise bleibt die Aussage dieses Fotos „stumm". Sie wird weder in dem Zeitungsartikel kommentiert, noch steht sie, wie man sieht, in einem illustrativen Kontext zu seinem Leitgedanken. Selbst wenn man die moderne ästhetische Theorie der Natur hier bemühte, käme man nicht viel weiter. Die Attraktion dieser Landschaft, auf die die Herausgeber des Umweltethik-Artikels setzten, liegt im Grunde weder im „sinnfremden Spiel" ihrer Erscheinungen,[25] noch darin, dass diese Landschaft „Ausdruck der durch sie eröffneten Möglichkeiten guten Lebens"[26] oder „Schauplatz eines projektiven Spiels mit ihren lebendigen Formen"[27] wäre. Das alles kann man zwar in ihr sehen, doch verfehlt es in letzter Konsequenz das Eigentliche der Faszination, die von ihr ausgeht. Worauf diese letztlich beruht, wird einem bewusst, wenn man sie mit einer mythischen Deutung der Natur konfrontiert. Dann erkennt

---

[25] Seel (1996), 39.
[26] Seel (1996), 90.
[27] Seel (1996), 135.

man nämlich als Grund jener „schönen Gefangenschaft":[28] Es ist die Art und Weise, wie die einzelnen Elemente dieser Landschaft, von denen jedes für sich bereits einen mythisch-numinosen Gehalt hat (der geheimnisvolle Nebel, die sanft-düsteren Hügel, das zauberhafte Licht), in einem unauflöslichen Zusammenhang miteinander stehen: im Vordergrund das ätherisch brodelnde Tal, aus dem die Hügel aufsteigen; sie gehen über in Gebirgszüge, die sich am Horizont in Wolkenbändern fortzusetzen scheinen; jene wiederum lösen sich auf in der Weite des Horizonts. Über all dem liegt die Aura einer Gestimmtheit, etwas Geheimnisvolles, das in der verletzbar wirkenden Zartheit und Sanftheit zum Ausdruck kommt, die dieser Landschaft eigentümlich ist und ihre Teile durchdringt. Alles ist ins Licht der Morgendämmerung getaucht, scheint durch sie miteinander verwoben – diese Landschaft *spricht* zum Betrachter, sie schaut ihn an wie ein *Wesen*.

Selbst weniger sensible Gemüter beschwören diesen „Zauber" der Natur, den die moderne Tourismusindustrie clever zu vermarkten weiß: „Beim Sonnenaufgang am Meer", liest man in einem PR-Artikel für die „Sonneninsel" Mallorca, „kommt man leicht ins Schwärmen, hört sich was von „zauberhaftem Licht" und „samtweicher Luft" faseln. Und die anderen um einen herum lachen nicht mal. Auch sie sind längst dem *Zauber* der Insel erlegen: Mallorca jenseits von Ballermann 6."[29] Das Zitat ist verräterisch: man „hört sich etwas von „zauberhaftem Licht" und „samtweicher Luft" *faseln...*" Das zeigt, wie wir solche ursprünglich *mythischen* Naturerfahrungen, die wir *haben*, Erfahrungen, in denen die Natur als eine Art verletzbares Wesen mit eigener Integrität erscheint[30], nicht ernstnehmen, sondern als sentimental abwerten.

Es gibt einige Umweltethiker und Umweltethikerinnen, die die Bedeutung derartiger Emotionen für die Umweltethik erkannt haben.[31] Ohne Anknüpfung an sie fehle, wie sie zu Recht sehen, der Umweltethik die nötige *Motivationskraft*. Aber auch hier kommt wieder die für die Moderne typische Skepsis gegenüber dem Gefühl zum Tragen. Es seien

---

[28] Seel (1996), 38.

[29] Berg (1999), 13.

[30] Zur detaillierten Analyse des inneren Zusammenhangs von mythischer Naturerfahrung und der Vorstellung eines „Eigenwerts" der Natur vgl. Theobald (2003).

[31] Vgl. bspw. Birnbacher (1987), Bosselmann (1989), Krebs (1996) u. Gorke (1999). Zur grundlegenden Bedeutung von Emotionen für die Umweltethik vgl. auch den Beitrag von A. Heling im vorliegenden Band.

eben nur Emotionen, die der Natur einen „Eigenwert" zubilligten, heißt es im gleichen Atemzug; in Wahrheit sei dieser Wert „bloßer Schein".[32] Das lehre uns die kritische Vernunft, und da wir durch sie wüssten, dass die Natur eigentlich keinen Eigenwert besitze, opferten wir die „Transparenz unserer Person", wenn wir aus Motivationsgründen an einen Eigenwert der Natur glaubten.[33]

Mit derartigen Überlegungen wird die Ineffizienz der Umweltethik metaethisch zementiert. Es gibt aber zwei Argumente, die man ihnen entgegen halten kann und die aus dem scheinbar unauflöslichen Dilemma, in das die Umweltethik sich so begibt, herausführen können. Das eine ist ein metatheoretisches. Es erwächst aus der Selbstreflexion der Vernunft und zeigt, dass sie ohne die dafür notwendige theoretische Legitimation sog. „nicht-diskursive" Vernunftformen, zu denen das mythische Denken zählt, abwertet, indem sie sich zu Unrecht verabsolutiert.[34] Dieses Argument steht gewissermaßen in der Tradition der Kritik an der „Dialektik der Aufklärung". Das andere Argument ist ein psychologisches, das mit ihm konvergiert. Martin Buber hat es in seiner Auseinandersetzung mit der Tiefenpsychologie C.G.Jungs formuliert: „Die Vernunft", sagt Buber, „steckt uns viel zu enge Grenzen und fordert uns auf, nur das Bekannte – und auch dies mit Einschränkungen – in bekanntem Rahmen zu leben, so als ob man die wirkliche Ausdehnung des Lebens kennte! Tatsächlich leben wir Tag für Tag weit über die Grenzen unseres Bewusstseins hinaus; ohne unser Wissen lebt das Unbewusste mit. Je mehr die kritische Vernunft vorwaltet, desto ärmer wird das Leben; aber je mehr Unbewusstes, je mehr Mythos wir bewusst zu machen vermögen, desto mehr Leben integrieren wir. Die überschätzte Vernunft hat das mit dem absoluten Staat gemein: unter ihrer Herrschaft verelendet der Einzelne."[35] – Unter ihrer Herrschaft verelendet auch die Natur, ließe sich mühelos ergänzen. Denn darin sind sich die meisten Umweltethiker einig: dass gerade die Moderne und ihr Vernunftbegriff der Natur- und Umweltzerstörung den Boden bereitet hat; zumindest geistig bzw. „metaphysisch".[36]

---

[32] Birnbacher (1980).

[33] Krebs (1996), 40.

[34] Siehe Hübner (1988) u. Theobald (2003), 135ff.

[35] Buber (1953), 307. Vgl. dazu auch den Beitrag von H. Roweck (vor allem die Kapitel II., III. u. IX.) im vorliegenden Band, der ebenfalls die (ethische) Bedeutung der emotionalen Komponente unserer Naturerfahrung hervorhebt.

[36] Bayertz (1995), 58.

Will man die oft beklagte Diskrepanz von Einstellung und Verhalten im Bereich des Umweltschutzes überwinden, dann ist es, sofern man dabei auf Ethik setzt, notwendig, das gängige Verständnis von Ethik selbst zu überwinden. In der Moderne als reine *Reflexionstheorie* der Moral konzipiert, der es hauptsächlich um die *Begründung* moralischer Normen geht und die ihre Überzeugungskraft im wesentlichen aus der logischen Stringenz von Argumenten bezieht, erweist sich die Ethik als praktisch weitgehend ineffizient. Denn selbst wenn alle Begründungsprobleme gelöst wären, blieben genügend Motivationsprobleme übrig.[37] Die Umweltethik in ihren Anfängen sah dieses Problem noch in aller Schärfe und forderte, dass es *auch* eine Aufgabe umweltethischer Reflexion sein müsse zu untersuchen, wie die von ihr entwickelten normativen Orientierungen *über ihre theoretische Geltung hinaus zu praktischer Wirksamkeit gebracht werden können.*[38] Diese (frühe) programmatische Zielsetzung wurde jedoch nicht weiter verfolgt. Was die politische Philosophie als ein Grunddefizit philosophisch-politischer Reflexion anmahnt, trifft auch auf die philosophisch-ethische zu, die ja, wenn es um Fragen der Praxis geht, mit jener konvergiert: „Wissenschaftler und Philosophen neigen dazu, die „Vernunft" als das ausschlaggebende Rechtfertigungsmittel zur Durchsetzung politischer (bzw. moralischer, erg. v. Verf.) Werte und Ziele zu überschätzen. Sie erliegen darin ihrer professionellen Beschränktheit; sie glauben, der Stellenwert, den „vernünftige" bzw. „wissenschaftlich-methodische" Argumentationen in ihren Fächern besitzt, müsse in der politischen Dimension der gleiche sein. Das ist ein fundamentaler Irrtum (...). Es nützt nichts, immer wieder von neuem und in modisch wechselnden Gewändern die altehrwürdige Hoffnung der Aufklärung auf das selbständig denkende, allein rationalen Maßstäben vertrauende „mündige" Individuum zu beschwören (...). Man muss vielmehr die sozialpsychologische Erkenntnis akzeptieren, dass unter den Mitteln zur Erzeugung und Stabilisierung normativer Bindungen die Vernunft – im Unterschied etwa zur Erzeugung emotionaler Bindungen – das schwächste ist.[39]
Wie die gegenwärtige Diskussion über andere gesellschaftlich relevante Themen zeigt, erweist sich das rationalistische Selbstverständnis der Moderne als zunehmend „antiquiert".[40] Kühne Zeitgeist-Journalisten

[37] Ott (2001), 35.
[38] Bayertz (1988), 7.
[39] Becker (1985), 81.
[40] Leicht (2004).

attestieren ihm sogar, eine „Form der geistigen Magersucht" zu sein.[41] Auch wenn solche Bewertungen als überzogen gelten müssen, zeigen sie doch etwas Wichtiges und Richtiges an: das Unbehagen an einer rein wissenschaftlich-rationalen Weltbetrachtung und Daseinsbewältigung. Selbst rationalistische Denker wie Jürgen Habermas suchen neuerdings nach *transrationalen* Elementen der Verbindlichkeit von Moral und entdecken sie in ursprünglich mythisch-religiösen Gehalten. Man darf hoffen, dass die Signalwirkung, die von derartigen Entwicklungen ausgeht, auch die umweltethische Diskussion affiziert. Einem effektiveren Umweltschutz käme dies sicherlich entgegen.

Literatur

Aristoteles: Nikomachische Ethik. Übersetzt und kommentiert von F. Dirlmeier. Darmstadt 1979

Arzheimer, K., M. Klein (1997): Die Grünen und der Benzinpreis. Die Wählerschaft von Bündnis 90 / Die Grünen im Vorfeld der Bundestagswahl 1998. In: ZA-Informationen 1999 (45), 20-43

Augustinus (1925): Über die christliche Lehre. München

Bayertz, K. (1988): Ökologie und Ethik. Reinbek bei Hamburg

Becker, W. (1985): Elemente der Demokratie. Stuttgart

Berg, A. (1999):»Mach mir den Macho...« In: TV TODAY 21 (1999): 12-14

Bickman, L. (1972): Environmental Attitudes and Actions. Journal of Social Psychology 87, 323-324

Birnbacher, D. (1980): Sind wir für die Natur verantwortlich? In: Ders. (Hg.): Ökologie und Ethik. Stuttgart

Birnbacher, D. (1987): Ethical principles versus guiding principles in environmental ethics. In: Philosophica 39/1: 59-76

Birnbacher, D. (1998): Utilitaristische Umweltbewertung. In: W. Theobald (Hg.): Integrative Umweltbewertung. Theorie und Beispiele aus der Praxis. Berlin, New York

BMU (2004) (Bundesministerium für Umwelt, Naturschutz und Reaktorsicherheit): Umweltbewusstsein in Deutschland 2004. Ergebnisse einer repräsentativen Bevölkerungsumfrage. Berlin

Bosselmann, K. (1989): Im Namen der Natur. Bern

Buber, M. (1953): Gottesfinsternis. Betrachtungen zur Beziehung zwischen Religion und Philosophie. Zürich

---

[41] Ebd.

Gorke, M. (1999): Artensterben. Von der ökologischen Theorie zum Eigenwert der Natur. Stuttgart

Haan, G. de, U. Kuckartz (1996): Umweltbewusstsein. Denken und Handeln in Umweltkrisen. Opladen

Hübner, K. (1988): Reflexion und Selbstreflexion der Metaphysik. In: Sitzungsberichte der Sudetendeutschen Akademie der Wissenschaften und Künste 1988 (6): 193-202

Krebs, A. (1996):»Ich würde gern mitunter aus dem Hause tretend ein paar Bäume sehen.« Philosophische Überlegungen zum Eigenwert der Natur. In: H. G. Nutzinger (Hg.): Naturschutz – Ethik – Ökonomie: Theoretische Begründungen und praktische Konsequenzen. Marburg

Krebs, A. (1997): Naturethik im Überblick. In: A. Krebs (Hg.) (1997): Naturethik. Grundtexte der gegenwärtigen tier- und ökoethischen Diskussion. Frankfurt am Main

Leicht, R. (2004): Störfaktor Religion. Die Zeit 16, 1

Ott, K. (2001): Moralbegründungen. Hamburg

Ott, K. (2002): Ethische Aspekte des Klimawandels. In: M. Schröder et al. (Hg.): Klimavorhersage und Klimavorsorge. Berlin, Heidelberg

Schuller, A. (1993): Sehnsucht. In: A. Schuller u. J. Kleber (Hg.): Gier. Zur Anthropologie der Sucht. Göttingen

Seel, M. (1996): Eine Ästhetik der Natur. Frankfurt am Main

SRU (Der Rat der Sachverständigen für Umweltfragen) (2002): Umweltgutachten 2002. Stuttgart

Theobald, W. (1998): Umwelt und Ethik. Sinn und Unsinn bereichsspezifischer Ethiken für eine integrative Umweltbewertung. In: W. Schröder, A. Daschkeit (Hg.): Umweltforschung quergedacht. Perspektiven integrativer Umweltforschung und -lehre. Berlin, New York

Theobald, W. (2003): Mythos Natur. Die geistigen Grundlagen der Umweltbewegung. Darmstadt: Wissenschaftliche Buchgesellschaft

Verzeichnis der Autoren

Prof. Dr. Hartmut Roweck
Ökologiezentrum der Universität Kiel
Olshausenstraße 40
24098 Kiel

Prof. Dr. Mojib Latif
Institut für Meereskunde
an der Christian-Albrechts-Universität Kiel
Düsternbrooker Weg 20
24105 Kiel

Barbara Kamradt
Greenpeace Hamburg
Große Elbstraße 39
22767 Hamburg

Dr. Arnd Heling
Ministerium für Umwelt, Naturschutz und Landwirtschaft
des Landes Schleswig-Holstein
Düsternbrooker Weg
24105 Kiel

Prof. Dr. Hartmut Rosenau
Institut für Systematische Theologie und Sozialethik
der Christian-Albrechts-Universität Kiel
Leibnizstraße 4
24118 Kiel

Dr. Dieter Korczak
Institut für Grundlagen- und Programmforschung
GP-Forschungsgruppe
Nymphenburger Str. 47
80335 München

Priv.-Doz. Dr. Werner Theobald
Ökologiezentrum der Universität Kiel
Olshausenstraße 40
24098 Kiel

Ethik interdisziplinär

hrsg. von Hans-Jürgen Kaatsch (Kiel), Hermes A. Kick (Mannheim) und Hartmut Kreß (Bonn)

Hartmut Kreß; Hans-Jürgen Kaatsch (Hg.)
Menschenwürde, Medizin und Bioethik
Heutige Fragen medizinischer und ökologischer Ethik
Ausgehend vom Leitgedanken der Menschenwürde erörtert das Buch "Menschenwürde, Medizin und Bioethik. Heutige Fragen medizinischer und ökologischer Ethik" grundsätzliche sowie konkrete Fragen, die sich der Ethik im Umgang mit dem menschlichen und dem nichtmenschlichen Leben stellen. Das Buch ist interdisziplinär angelegt. Der erste Teil bedenkt derzeit besonders stark beachtete Themen der medizinischen Ethik, z. B. den Status von Embryonen und die Nutzung von Stammzellen, die Stammzellen-Transplantation aus Nabelschnurblut, die Präimplantationsdiagnostik, Patientenverfügungen bzw. Probleme der Sterbehilfe und Aspekte der Transplantationsmedizin, darunter die Lebendspende von Organen. Der zweite Teil des Buches geht über die medizinische Ethik hinaus. Er enthält Beiträge zur ökologischen Ethik, zur Konkurrenzfähigkeit erneuerbarer Energien, zur Humanverträglichkeit der Informationstechnologie sowie, unter Bezug auf die gegenwärtige ethische Grundlagendiskussion, Reflexionen zum Leitbild der Nachhaltigkeit und zu einer künftigen Ethik im Anschluß an Albert Schweitzer.
Bd. 1, 2000, 224 S., 17,90 €, br.,
ISBN 3-8258-4912-0

Hartmut Kreß; Kurt Racké (Hg.)
Medizin an den Grenzen des Lebens
Lebensbeginn und Lebensende in der bioethischen Kontroverse
Das Buch behandelt die ethischen Probleme der Biomedizin, über die in Wissenschaft, Öffentlichkeit und Rechtspolitik derzeit kontrovers diskutiert wird: den Umgang mit dem Lebensbeginn (embryonale Stammzellforschung und Präimplantationsdiagnostik) sowie dem Lebensende (passive und aktive Sterbehilfe; Palliativmedizin). Einige Beiträge befassen sich mit Ethik im Kulturvergleich, z.b. der Perspektive des Islam zu embryonaler Stammzellforschung oder der Sicht von Sterben und Tod in Japan. Zu den Autoren des Bandes gehören Juristen (darunter Hans-Ludwig Schreiber, Jochen Taupitz), Mediziner (z.B. Eberhard Klaschik, Karl-Friedrich Sewing), Religionswissenschaftler (Peter Antes), Ethiker.
Bd. 2, 2002, 256 S., 15,90 €, br.,
ISBN 3-8258-5949-5

Walter Schweidler; Herbert A. Neumann; Eugen Brysch (Hg.)
Menschenleben – Menschenwürde
Interdisziplinäres Symposium zur Bioethik. Mit Beiträgen von R. Spaemann, D. Birnbacher, W. Höfling, H. M. Sass, A. Shewmon u. a.
Das Leben des Menschen ist das elementarste Schutzgut, zu dem sich die nationalen Rechtsordnungen und internationalen Abkommen über den Erdball hinweg bekennen. Aber immer wichtiger werden gerade die Entscheidungen, die in diesem Bekenntnis schon vorausgesetzt werden: Wann beginnt dieses menschliche Leben? Wann endet es? Muß es unter allen Umständen aufrecht erhalten werden? Was folgt daraus, wenn ein Mensch gerade nicht will, daß sein Leben weitergeht? Die biomedizinische Entwicklung ist rasant, aber die Humanität und die Rechtssicherheit unserer Gesellschaften erfordern eine ethisch begründete Klärung und Definition der Grenzen des menschlichen Lebens und der Forderungen, die sich aus dieser Klärung für die Begrenzung des technischen und wissenschaftlichen Fortschritts ergeben.
Bd. 3, 2002, 304 S., 25,90 €, br.,
ISBN 3-8258-6808-7

Hermes A. Kick (Hg.)
Ethisches Handeln in den Grenzbereichen von Medizin und Psychologie
Ethisches Handeln an den Grenzen des empirischen Wissens und den Grenzen der Fachbereiche bedarf in besonderem Maße des

LIT Verlag Münster – Berlin – Hamburg – London – Wien
Grevener Str./Fresnostr. 2 48159 Münster
Tel.: 0251 – 62 032 22 – Fax: 0251 – 23 19 72
e-Mail: vertrieb@lit-verlag.de – http://www.lit-verlag.de

Orientierungswissens. Der vorliegende Band, ein Arbeitsbuch, gibt praktisch-methodische Unterstützung zur systematischen und selbständigen ethischen Situationsanalyse. Ziel ist es, durch die Reflexion der Grundpositionen, wie sie von Seiten der Philosophie (R. Wiehl), der anthropologischen Medizin (U. Bleyl), der Theologie (D. Ritschl) und den Kulturwissenschaften (D. von Engelhardt) formuliert wurden, eine transparente Anwendung derselben in den Grenzbereichen von Medizin und Psychologie zu erreichen. Spezielle Beiträge befassen sich mit ethischen Problemen in den psychopathologischen Grenzbereichen (S. Pfeifer), Nahtodeserfahrung (M. Schröter-Kunhardt) sowie Psychokulte und Parapsychologic (W. von Lucadou).
Bd. 4, 2002, 184 S., 20,90 €, br.,
ISBN 3-8258-5751-4

Hartmut Kreß (Hg.)
Religionsfreiheit als Leitbild
Staatskirchenrecht in Deutschland und Europa im Prozess der Reform
In Deutschland und in Europa geraten das Staatskirchenrecht und das Religionsrecht in Bewegung. Dies zeigen die kontroversen Debatten über die Nennung Gottes oder über die Verankerung von Kirchen und Religionsgemeinschaften in der Verfassung der Europäischen Union, über Kirchen- versus Kultussteuer oder über das Kopftuch. Der vorliegende Band beleuchtet religionsrechtliche Entwicklungen sowie ihre Hintergründe in Deutschland und Europa. Dabei werden auch neue Gesetze oder Verträge zum Staat-Kirche-Verhältnis in Osteuropa (Polen, Rumänien, Bulgarien) vorgestellt.
Bd. 5, 2004, 352 S., 19,90 €, br.,
ISBN 3-8258-7364-1

Martin Hörning; Peter Leppin (Hg.)
Der Tod gehört zum Leben
Sterben und Tod aus unterschiedlichen Perspektiven
Die letzte Phase im Leben eines Menschen aus den Blickwinkeln unterschiedlicher Fachdisziplinen zu beleuchten – das ist das Ziel dieses Buches. Von A wie Ars moriendi bis Z wie zentralnervöse Aspekte bei Nahtodeser-

fahrungen reicht die Palette an Themen, die von zehn Autoren behandelt werden. Sie beschäftigen sich in ihren Beiträgen mit den physiologischen Grundlagen von Altern, Sterben und Tod sowie der Palliativmedizin. Philosophische Aspekte werden ebenso behandelt wie theologische und religionspädagogische Fragestellungen. Weitere Themen sind Altern und Pflege als Herausforderung für den Wohlfahrtsstaat, Patientenverfügungen und soziale Arbeit in der Endphase menschlichen Lebens.
Bd. 7, 2005, 224 S., 22,90 €, gb.,
ISBN 3-8258-7781-7

Heribert Ostendorf (Hg.)
Folter
Praxis, Verbot, Verantwortlichkeit
Folter war lange kein Thema, weder für die öffentliche Diskussion noch für den Wissenschaftsbetrieb. Jüngste Ereignisse wie der Irak-Krieg oder der Fall „Jakob von Metzler" haben das Thema „Folter" wieder in den Mittelpunkt des öffentlich-politischen Interesses gerückt. Der vorliegende Band versucht Klarheit zu gewinnen über die Rechtslage, er erörtert die Probleme in konkreten Notstandssituationen und hat zum Ziel, das Rechtsbewusstsein zu schärfen, um nicht nur emotional, sondern auch rational Position beziehen zu können.
Bd. 8, 2005, 120 S., 14,90 €, br.,
ISBN 3-8258-8311-6

Hans-Jürgen Kaatsch; Hartmut Rosenau; Werner Theobald (Hg.)
Kultur und Religion
Beiträge zu einer Ethik des Dialogs
Der Dialog zwischen den Religionen und Weltanschauungen gehört zu den Kernaufgaben pluralistischer Gesellschaften, vor allem in einer zunehmend globalisierten Welt. Religionen können aber nicht abgesehen von ihrem Kontext ins Gespräch kommen, und dieser Kontext ist „Kultur".
Bd. 9, 2005, 88 S., 14,90 €, br.,
ISBN 3-8258-8394-9

LIT Verlag Münster – Berlin – Hamburg – London – Wien
Grevener Str./Fresnostr. 2 48159 Münster
Tel.: 0251 – 62 032 22 – Fax: 0251 – 23 19 72
e-Mail: vertrieb@lit-verlag.de – http://www.lit-verlag.de

Hermes A. Kick; Jochen Taupitz (Hg.)
Gesundheitswesen zwischen Wirt-
schaftlichkeit und Menschlichkeit
Angesichts knapper werdender Ressourcen
wird zur zentralen, weit über den Gesund-
heitsbereich hinausreichenden Frage, wie
Rentabilität und Humanität, Menschlichkeit
und Wirtschaftlichkeit in ein und demselben
System zugleich befriedigt werden können.
Der vorliegende Band geht aus von den anthropologischen, rechtlichen, medizinischen
und philosophischen Grundpositionen, stellt
sich im Weiteren den praktischen Herausforderungen, also Problemen von Ratio-
nalisierung und Rationierung, Allokation
und gerechter Verteilung. Die gravierenden
anthropologischen Differenzen von thera-
peutischer Offerte einerseits und Marketing
andererseits und daraus resultierende ethische
Konsequenzen werden dargestellt. Schließlich
werden die sich abzeichnenden Lösungsansätze herangeführt an Gestaltungsfelder in
Politik, Management und Gesundheitskultur.
Bd. 10, 2005, 264 S., 19,90 €, br.,
ISBN 3-8258-8901-7

Ethik in der Praxis/Practical Ethics
Studien/Studies
hrsg. von Prof. Dr. Hans-Martin Sass
(Universität
Bochum/Georgetown University Washington)
Schriftleitung: Dr. Arnd T. May

Arnd T. May
Autonomie und Fremdbestimmung
bei medizinischen Entscheidungen für
Nichteinwilligungsfähige
Die Arbeit diskutiert das Prinzip der Selbstbestimmung des Patienten als handlungslei-
tendes Kriterium bei Entscheidungen für oder
gegen medizinische Behandlungen. In die
Selbstbestimmung des Patienten darf nur in
begründeten Ausnahmefällen eingegriffen
werden. Unterschiedliche Begründungsansät-
ze von Medizinethik, Definitionsversuche von
"Person" und von "Sterbehilfe" werden analysiert. Diese neuere rechtliche, medizinische
und ethische Diskussion nach der Verabschie-
dung des Betreuungsrechtsänderungsgesetzes

und neuerlicher Gerichtsentscheidungen wird
ausführlich dargestellt. Eine Patientenver-
fügung in Kombination mit einer Vorsorge-
vollmacht ist als Information über Behand-
lungswünsche am besten geeignet und die
Bedeutung wird zunehmend anerkannt. Bei
Entscheidungen über Behandlungsverzicht
und -abbruch ist eine hohe ethische Kompetenz des Bevollmächtigten und Betreuers zur
Entscheidung nach den Wünschen und zum
Wohle des Patienten erforderlich. Es werden
neue Modelle zur ethischen Qualifizierung
von Betreuern vorgestellt.
Bd. 1, 3. Aufl. 2005, 408 S., 30,90 €, br.,
ISBN 3-8258-4915-5

Hans-Martin Sass; Arnd T. May (Hg.)
Behandlungsgebot oder Behandlungs-
verzicht
Klinisch-ethische Epikrisen zu ärztlichen
Entscheidungskonflikten
Die vorgestellten klinisch-ethischen Epikrisen
zeichnen sich durch rigorose ethische Reflexion klinischen Handelns und Entscheidens aus.
Die situativ im Einzelfall getroffenen Entscheidungen sind keine Musterentscheidun-
gen mit Vorbildcharakter, wohl aber Entschei-
dungsmuster, welche die komplexen Konflikte
in der Erhebung und Respektierung des Pa-
tientenwillens, der ärztlichen Intuition und
Verantwortung, dem medizinisch Möglichen
und einer vielfach unklaren Informationslage
klinisch und ethisch vorstellen und nachrech-
nen. Insofern sind diese 11 klinisch-ethischen
Epikrisen, vorgestellt von den jeweiligen Ver-
antwortungsträgern, vorbildlich im Aufzeigen
von Konfliktsituationen, die sich im Prozess
des Krankheits- und Behandlungsgesche-
hens ergeben und modifizieren; sie eignen
sich daher hervorragend als Textbuch für den
klinischen und pflegerischen Unterricht. Kli-
nische und klinisch-ethische Entscheidungen
sind komplexe Entscheidungen, die mehr erfordern als medizinische Lehrbuchkenntnisse,
das unterstreichen auch die empirischen Er-
hebungen und transdisziplinäre juristische,
philosophische, theologische, intensivmedizi-
nische, methodische und ethische Studien dieses Bandes. „Aufgabe des Arztes ist es, unter
Beachtung des Selbstbestimmungsrechtes des

LIT Verlag Münster – Berlin – Hamburg – London – Wien
Grevener Str./Fresnostr. 2 48159 Münster
Tel.: 0251 – 62 032 22 – Fax: 0251 – 23 19 72
e-Mail: vertrieb@lit-verlag.de – http://www.lit-verlag.de

Patienten Leben zu erhalten, Gesundheit zu schützen und wieder herzustellen sowie Leiden zu lindern und Sterbenden bis zum Tod beizustehen. Die ärztliche Verpflichtung zur Lebenserhaltung besteht daher nicht unter allen Umständen. Alle Entscheidungen müssen individuell erarbeitet werden." (Grundsätze der Bundesärztekammer zur ärztlichen Sterbebegleitung, Mai 2004)
Bd. 3, 2004, 440 S., 39,90 €, br.,
ISBN 3-8258-4982-1

Jürgen Barmeyer
Praktische Medizinethik
Die moderne Medizin im Spannungsfeld zwischen naturwissenschaftlichem Denken und humanitärem Auftrag. Ein Leitfaden für Studenten und Ärzte
Das vorliegende Buch hat zum Ziel, Ärzte und Medizinstudenten für die ethische Seite ihres Buches zu sensibilisieren. Die heutige, überwiegend naturwissenschaftlich orientierte Ausbildung zum Arzt gibt einem besonders wichtigen Bereich, nämlich der Vermittlung von Regeln für ärztlich-ethisches Verhalten gegenüber dem Kranken wenig Raum. Diese Lücke ein wenig zu schließen, ist die Absicht der Monographie. Das Konzept der Aussagen verfolgt einen ausschließlich praktisch-medizinethischen Ansatz, der frei von jeglicher Gesinnungsethik nach Regeln sucht, die suprakulturell als zur generellen Humanität am kranken .Menschen verpflichtende Regeln von allen Ärzten getragen werden können. Besonders deutlich kommt das in den Kapiteln über die Grenzen in der Medizin zum Ausdruck- und hier besonders in Kapiteln über Sterben und Sterbehilfe.
Bd. 5, 2., stark überarb. Aufl. 2003, 184 S., 20,90 €, br., ISBN 3-8258-4984-8

Ralf Bickeböller
Grundzüge einer Ethik der Nierentransplantation
Ärztliche Praxis im Spannungsverhältnis von pragmatischer Wissenschaftstheorie, anthropologischen Grundlagen und gerechter Mittelverteilung
Das Außergewöhnliche der Transplantationsmedizin ist nicht im Medizinisch-technischen der Therapieform zu suchen. Erst durch die Vorbedingungen der Transplantation eröffnet sich eine Diskussion, die weit über das "eigentlich" Medizinische hinaus ragt. Es sind dies Fragen, die vehement das Wesen des Menschen betreffen. Nicht umsonst nimmt die Transplantationsmedizin einen festen Platz in den Schlagzeilen ein. Insbesondere die Handlungsfelder der Organgewinnung und der Verteilung der knappen Ressource sind legitimationsbedürftig. Die vorliegende Studie unternimmt den Versuch, am Beispiel der Nierentransplantation die wissenschaftstheoretischen historischen und insbesondere ethisch-anthropologischen Vorbedingungen des Verfahrens zu erkunden. Jedes Kapitel läuft auf eine These zu, um in ihrer Zusammenfassung den konzentrierten Abschluß zu finden.
Bd. 6, 2001, 584 S., 45,90 €, br., ISBN 3-8258-4694-6

Jens Badura
Die Suche nach Angemessenheit
Praktische Philosophie als ethische Beratung
Die Studie bestimmt die Grundlagen einer *Ethik für die Praxis*, die als ethische Beratung *Hilfe zur Selbstaufklärung und Selbstorientierung moralischer Akteure* geben soll. Dabei werden zunächst die Schwierigkeiten etablierter Konzepte praxisbezogener Ethik analysiert. Ein Schwerpunkt liegt dabei auf der Frage nach deren Relevanz für die Lösung konkreter moralischer Fragen und Probleme. In Abgrenzung zu dem verbreiteten methodischen "Fundamentismus" in der Ethik wird ein kohärentistisches Ethikkonzept entfaltet, das den Anspruch an ethische Letztbegründung zurückweist und ein Verfahren zum vernünftigen Umgäng mit moralischen Fragen und Problemen skizziert *ohne* dabei letzte Prinzipien zu formulieren. Der Ansatz wird als moralphilosophische Grundlage einer beratungsorientierten Ethik spezifiziert und hinsichtlich anwendungsbezogener Fragen

LIT Verlag Münster – Berlin – Hamburg – London – Wien
Grevener Str./Fresnostr. 2 48159 Münster
Tel.: 0251 – 62 032 22 – Fax: 0251 – 23 19 72
e-Mail: vertrieb@lit-verlag.de – http://www.lit-verlag.de

erläutert. Auf dieser Basis fußt das *3-Phasen-Modell ethischer Beratung*, welches sich methodisch an Konzepten "Philosophischer Beratung" und "Sokratischer Gespräche" anlehnt. Das Beratungskonzept wird abschließend im Fallbericht "Ethische Beratung für eine Nutztierschutzorganisation" auf seine Praxistauglichkeit hin untersucht.
Bd. 7, 2002, 240 S., 25,90 €, br.,
ISBN 3-8258-5537-6

Eva Baumann
Die Vereinnahmung des Individuums im Universalismus
Vorstellungen von Allgemeinheit illustriert am Begriff der Menschenwürde und an Regelungen zur Abtreibung
Der Universalismus ist eine Argumentationsfigur, mit der Macht begründet wird. Doch so, wie es unsinnig ist, jede Machtausübung abzulehnen, ist es unsinnig, jeden Universalismus zu verteufeln. Wenn man ihm eine Bevormundung von Individuen vorwerfen kann, dann in solchen Fällen, in denen er Allgemeingültigkeit nur unterstellt bzw. künstlich erzeugt. In der juristischen Verwendung des Menschenwürdebegriffs und in Regelungen zur Abtreibung sieht die Autorin Gefahren einer Vereinnahmung des Individuums. Dem setzt sie einen individualethischen Ansatz und das Konzept einer konkreten öffentlichen Rhetorik entgegen.
Bd. 8, 2001, 296 S., 25,90 €, br.,
ISBN 3-8258-5582-1

Susanne Freese
Umgang mit Tod und Sterben als pädagogische Herausforderung
Moderne medizinische Methoden der künstlichen Befruchtung und der pränatalen Diagnostik am Anfang des Lebens sowie der Intensivmedizin am Lebensende haben die Grenzen des Lebens heute unsicher werden lassen. Zugleich kann ein Rückgang von Riten und Traditionen im Umgang mit dem Tod beobachtet werden. Speziell der Situation der Kinder, deren innerpsychisches Erleben von Trauer vom vorgelebten Modell der Erwachsenen im Umgang mit der Thematik des Sterbens geprägt ist, wird zu wenig Aufmerksamkeit geschenkt. Dieses Buch fordert Erziehende und Lehrer auf, den eigenen Umgang mit dem Tod zu überdenken, um sich und den Kindern einen angstfreien Zugang auf sterbende und trauernde Menschen zu ermöglichen.
Bd. 9, 2001, 248 S., 20,90 €, br.,
ISBN 3-8258-5587-2

Ilhan Ilkilic
Der muslimische Patient
Medizinethische Aspekte des muslimischen Krankheitsverständnisses in einer wertpluralen Gesellschaft
Bd. 10, 2002, 232 S., 25,90 €, br.,
ISBN 3-8258-5790-5

Corinna Iris Schutzeichel
Geschenk oder Ware? Das begehrte Gut Organ
Nierentransplantation in einem hochregulierten Markt
Die Schere klafft immer weiter auseinander. Während die Zahl der Organbedürftigen steigt, hat das 1997 in Kraft getretene Transplantationsgesetz nicht zu einem größeren Angebot postmortaler Spenden geführt. Die Autorin diskutiert Modelle der Organlebendspende unter medizinischen, rechtlichen und ethischen Gesichtspunkten. Der restriktiven Haltung des Transplantationsgesetzes setzt sie ein Belohnungsmodell entgegen, das sich gegen einen staatlich – bevormundenden Pater-nalismus wendet und die Autonomie des mündigen Menschen in den Vordergrund stellt. Abgerundet wird die Arbeit durch einen Vorschlag zur Änderung des Transplantationsgesetzes.
Bd. 11, 2002, 376 S., 29,80 €, br.,
ISBN 3-8258-6350-6

Alexandra Manzei
Körper – Technik – Grenzen
Kritische Anthropologie am Beispiel der Transplantationsmedizin
Die vorliegende Studie thematisiert das Verhältnis von Körper und Technik in der modernen Medizin. Am Beispiel der Transplantationsmedizin fragt die Autorin nach

LIT Verlag Münster – Berlin – Hamburg – London – Wien
Grevener Str./Fresnostr. 2 48159 Münster
Tel.: 0251 – 62 032 22 – Fax: 0251 – 23 19 72
e-Mail: vertrieb@lit-verlag.de – http://www.lit-verlag.de

der Bedeutung, die dieses Verhältnis für die Selbstdeutungen der Menschen in der technischen Zivilisation besitzt. Medizinische Technologie wird als eine Entfaltungsmöglichkeit menschlicher Existenz verstanden, die gleichwohl ihre Voraussetzungen und Grenzen in der leiblichen Natur des Menschen findet. Im Rahmen ihres Konzepts einer kritischen Anthropologie plädiert die Autorin deshalb für eine differenzierte Auseinandersetzung mit den Möglichkeiten und Grenzen medizinischer Technologie, die an den konkreten Erfahrungen der Betroffenen orientiert ist.
Bd. 13, 2003, 296 S., 25,90 €, br.,
ISBN 3-8258-6652-1

Oliva Wiebel-Fanderl
Herztransplantation als erzählte Erfahrung
Der Mensch zwischen kulturellen Traditionen und medizinisch-technischem Fortschritt
Dieses Buch thematisiert wie Menschen ihre Erfahrungen mit chronischer Krankheit und Organwechsel in ihren Erzählungen weitergeben. Der Erzählforscherin geht es dabei nicht um den objektiven Verlauf eines Krankheitsgeschehens. Ihr Interesse konzentriert sich vornehmlich auf die Muster des Erzählens, die nicht nur als gegenwärtige Kommunikationsformen angesehen werden, sondern in ihren historischen und kulturellen Voraussetzungen als Formen des individuellen und kollektiven Bewusstseins analysiert werden. Grundlage ihres Forschungsansatzes ist die These, dass es, um den Menschen in seiner Geschichte, in seinen Handlungen und Erzählungen zu verstehen, notwendig ist, die Geschichte im Menschen zu kennen. Denn zwischen subjektiver, persönlicher und kollektiver Geschichte besteht immer eine dialektische Wechselbeziehung.
Bd. 14, 2003, 520 S., 39,90 €, br.,
ISBN 3-8258-6865-6

Peter Schröder
Gendiagnostische Gerechtigkeit
Eine ethische Studie über die Herausforderungen postnataler genetischer Prädiktion
Werden die neuen und anwachsenden Möglichkeiten der gendiagnostischen Prädiktion zu mehr Gesundheit und Lebensqualität beitragen oder werden sie Diskriminierungen und Ungerechtigkeiten herbeiführen? Diesen Fragen geht der Autor in seinen ethischen Analysen nach.
Bd. 16, 2004, 456 S., 29,90 €, br.,
ISBN 3-8258-7463-x

Sibylle H. L'hoste
Ambivalenz der Medizin am Beginn des Lebens
Der Schwangerschaftsabbruch. Kann die Philosophie zu einer Lösung beitragen?
Unter Anerkennung des gesellschaftlichen Dissenses und der Ambivalenz in der Frage des Schwangerschaftsabbruchs sucht die Autorin nach praktischen Lösungen. Dabei kommt sie zu dem Ergebnis, dass auf dem Wege einer Rückbesinnung auf die menschliche Grundkonstitution der Unvollkommenheit humane und verantwortbare Lösungen möglich sind – auch in bioethischen und politischen Fragen.
Bd. 17, 2004, 232 S., 24,90 €, br.,
ISBN 3-8258-7566-0

Inga Westermilies
Ärztliche Handlungsstrategien im Umgang mit ausländischen Patienten
Medizinisch-ethische Aspekte
Der Umgang mit dem Phänomen der Multikulturalität gewinnt in Medizin und Ethik immer mehr an Bedeutung. Fehlendes Sprachverständnis oder kulturell geprägte Krankheitskonzepte sind Beispiele für Herausforderungen, denen man sich in der Arzt-Patienten-Beziehung stellen muss. Der Ansatz der „Transkulturellen Medizin" mit einer kulturübergreifenden und kultursensiven Herangehensweise versucht, dem zu begegnen. Aus ethischer Sicht stellt sich die Frage, wie mit unterschiedlichen kulturellen Wer-

LIT Verlag Münster – Berlin – Hamburg – London – Wien
Grevener Str./Fresnostr. 2 48159 Münster
Tel.: 0251 – 62 032 22 – Fax: 0251 – 23 19 72
e-Mail: vertrieb@lit-verlag.de – http://www.lit-verlag.de

ten umgegangen werden kann und was eine mögliche ethische Grundlage im Umgang mit kulturfremden Patienten sein könnte. Das vorliegende Buch charakterisiert die Problemfelder im Kontakt mit ausländischen Patienten und bereits bestehende Lösungsansätze aus medizinisch-ethischer Perspektive. Das Konzept transkultureller Medizin wird dabei seinem Anspruch einer kulturübergreifenden Medizin dahingehend gerecht, daß es neben ausländerspezifischen Strategien auch allgemeine Ansätze und Kompetenzen vermittelt. Somit begegnet es grundlegenden Problematiken des Arzt-Patienten-Kontaktes auf pragmatische Weise.
Bd. 18, 2004, 192 S., 17,90 €, br.,
ISBN 3-8258-7974-7

Harald Karutz
Psychische Erste Hilfe bei unverletzt-betroffenen Kindern in Notfallsituationen
Kinder, die Zuschauer oder Augenzeuge eines Unglücks geworden sind, können psychische Folgeschäden davontragen. Manchmal leiden sie unter dem, was sie erlebt haben, noch Jahre später. Konkrete Hinweise, wie man mit unverletzt-betroffenen Kindern in Notfällen umgehen soll, hat es bislang jedoch nicht gegeben. Vor diesem Hintergrund enthält das vorliegende Buch zahlreiche Anregungen für eine Psychische Erste Hilfe, die von Rettungsdienstmitarbeitern, Feuerwehrleuten, Polizisten und Notfallseelsorgern, aber auch von Lehrern und Erziehern geleistet werden könnte.
Bd. 19, 2004, 208 S., 19,90 €, br.,
ISBN 3-8258-8207-1

Thomas Holznienkemper
Organspende und Transplantation und ihre Rezension in der Ethik der abrahamitischen Religionen
Für manche, die überlegen, Organspender zu werden, auf eine Transplantation warten oder auch als Arzt, Pflegekraft oder Seelsorger in die Betreuung Angehöriger bei diagnostiziertem Hirntod involviert sind, stellt sich immer wieder die Frage, wie eigentlich die Religionen zum Hirntod, zur Organspende und Transplantation stehen. Aus der Zusammenschau mit medizinischen Fakten und medizinethischen Prinzipien stellt dieses Buch exemplarisch die ethischen Positionen der abrahamitischen Religionen (Judentum, Christentum, Islam) zum Hirntod, zur Organspende und Transplantation vor und diskutiert sie.
Bd. 20, 2005, 240 S., 24,90 €, br.,
ISBN 3-8258-8343-4

S. Shapiro; J. Dinger; P. Scriba (Eds.)
Enabling Risk Assessment in Medicine/ Wege zur Risikobestimmung in der Medizin
Farewell Symposion for/Abschiedssymposium für Werner-Karl Raff
Die Fortschritte der Arzneimitteltherapie werden spätestens seit der Contergan-Katastrophe von großen Teilen der Öffentlichkeit mit gemischten Gefühlen betrachtet. Zunehmende Lebenserwartung und das hohe Niveau der äußeren Sicherheit in den entwickelten Ländern gehen einher mit einer großen Sensibilität für reale oder auch nur vermeintliche Arzneimittelrisiken, die eine ausgewogene Nutzen-Risikobewertung erschwert. Anlässlich des Abschiedssymposiums für Werner-Karl Raff, der sich als einer der herausragenden Persönlichkeiten in der pharmazeutischen Industrie immer wieder aktiv in die Diskussion der Nutzen-Risikobewertung von Arzneimitteln und der ethischen Vertretbarkeit ihrer Anwendung eingebracht hat, versuchten international anerkannte Experten unterschiedlichster Fachrichtungen Wege zur Risikobestimmung in der Medizin aufzuzeigen. Der von Samuel Shapiro, Jürgen Dinger und Peter Scriba herausgegebene Band vermittelt Einsichten, die für Journalisten, Patienten und die breite Öffentlichkeit nicht weniger interessant sein dürften als für die medizinischen Berufe.
Bd. 21, 2004, 152 S., 29,90 €, gb.,
ISBN 3-8258-7250-5

LIT Verlag Münster – Berlin – Hamburg – London – Wien
Grevener Str./Fresnostr. 2 48159 Münster
Tel.: 0251 – 62 032 22 – Fax: 0251 – 23 19 72
e-Mail: vertrieb@lit-verlag.de – http://www.lit-verlag.de